ELISABETH UND ENZO CARUSO

Lepra, Ahnenglaube und Krokodile

Unsere Mission für Jesus in Afrika

EDITION MISSIO

Be✚Be

Elisabeth und Enzo Caruso

Lepra, Ahnenglaube und Krokodile

Unsere Mission für Jesus in Afrika

Mit einem Vorwort von Pater Karl Wallner
Mit einem Beitrag von Marie Czernin

Edition Missio

Be+Be-Verlag: Heiligenkreuz 2021
ISBN 978-3-903602-16-8

Weltweit erhältlich, siehe: www.buchhandel.de
Illustration Cover: Jessie Kohn
Layout: Augsten Grafik
Alle Rechte vorbehalten. Printed in Europe 2021.

Dieses Buch erscheint in der „Edition Missio", die von den Päpstlichen Missionswerken in Österreich herausgegeben wird:
Missio Österreich, 1010 Wien, Seilerstätte 12
www.missio.at bzw. www.missio.at/shop
E-Mail: missio@missio.at
Tel. +43-1-5137722

Be┌┴┐Be

© Be+Be-Verlag Heiligenkreuz im Wienerwald
www.bebeverlag.at

Direkter Vertrieb:
Be+Be-Verlag Heiligenkreuz
A-2532 Heiligenkreuz im Wienerwald
Tel. +43-2258-8703-400
www.klosterladen-heiligenkreuz.at
E-Mail: bestellung@klosterladen-heiligenkreuz.at

ELISABETH UND ENZO CARUSO

Lepra, Ahnenglaube und Krokodile

Unsere Mission
für Jesus in Afrika

EDITION MISSIO

Inhaltsverzeichnis

VORWORT 9

AUFBRUCH INS UNGEWISSE 13
Eine Reise mit Hindernissen 15

BENIN (JÄNNER 1991 – DEZEMBER 1993) 17
Erster Arbeitstag im Lepradorf Davougon 17
Nestor und andere Leprakranke 22
Rückkehr in die Dorfgemeinschaft 23
Die Fon und der Voodoo-Kult 24
Arbeit in der allgemeinen Ambulanz 27
Das Ideal des Heiligen Kamillus de Lellis 30
Christus in den Armen und Kranken nachfolgen 31
Gott wirkt im Gefängnis von Abomey 32
Abschied von Davougon 35
Urlaub in Wien 36

MADAGASKAR (JULI 1994 – JÄNNER 2006) 37
Ankunft in Antananarivo 37
Ein weiter, steiniger Weg nach Iakora 39
Ein schmutziges Spital und zwei Volksgerichte 41
Im Land der Bara 43
Versorgung der Kranken in einem Notquartier 45
Die neue kleine Ambulanz 48
Mariel, die Haushälterin 52
Ein besonderes Weihnachtsgeschenk 53
Diaho, eine außergewöhnliche Frau 54

Von den Krokodilen verschmäht 55

Diözesanversammlung in Ihosy 57

Die Lepra macht auch vor Enzo nicht Halt 58

Bischofsbesuch 1995 60

Herbergsuche in Iakora 62

Sambo, ein dankbarer Aussätziger 64

Besuch von Pater Gregotsch 65

Abschied von Iakora 66

Vorbereitungen für die nächste Mission in Isifotra 68

Zurück in Fianarantsoa 69

In Tanimandry zwischen Mäusen und Kakerlaken 70

Erste Begegnungen in Isifotra 71

Ein etwas ungewöhnlicher Geburtstag 76

Die provisorische Ambulanz 77

Der neue Mazda 79

Eine gefährliche Flussüberquerung bei Hochwasser 81

Eine Weihnachtskrippe für Isifotra 82

Die Arbeit bei den Kranken macht erfinderisch 83

Das große Geschenk der Dorfältesten (Lonaky) 85

Ahnenglaube und Inkulturation der Bara 88

Ein Zyklon zerstört die Ernte 91

Ein überraschender Besuch 92

Unruhen lassen nichts Gutes erahnen 93

Warnung vor einer ernsten Gefahr 95

Unser Wohnhaus wird bezugsbereit 97

Ostern 1997 und erste Taufe 99

Unser Katechist – ein Einbrecher? 101

Bakety, der Wächter 103

Die Heuschreckenplage 105

Die Reis-Kooperative 106

Ein zweiter Brunnen für Isifotra 107

Einweihung der Ambulanz „zum heiligen Kamillus" 109

Kavi und Joany, unsere Mitarbeiter in der Ambulanz 114

Frische Eier für unsere Gäste 115

Zentrum für Tuberkulose-Kranke 117

Renovierung der Schule von Isifotra 118

Ein Krokodil und ein lebendiges „Jesuskind" zu Weihnachten 122

Entfaltung einer Pastoral für die Bara 124

Rinderdiebstahl – ein beliebter „Sport" in Madagaskar 127

Zwei unangenehme Besuche 128

Der Aufenthalt der zwei Novizen 129

Getrübte Atmosphäre im Dorf 130

Taufe von 41 Erwachsenen in der Osternacht 132

Ein Lehrer-Ehepaar für die neue Schule 133

Bau und Einweihung der Kirche „Jesoa Mpanjaka" 136

Was bringt wohl das neue Jahrtausend? 140

Tsitiako und Tsinataoko 141

65 Neugetaufte zu Ostern 143

Die Schule wächst 143

89 erwachsene Bara empfangen den Heiligen Geist 144

Unser Gesundheitszustand verschlechtert sich 145

Große Impfaktion gegen Infektionskrankheiten 147

Voan dala – „Ein Geschenk auf dem Weg" 149

Starker Glaube einer ganz gewöhnlichen Frau 149

Hausapotheke für den Notfall 150

Reumütiger Kavi 151

Tränen zum Abschied 153

Die rote Insel lässt uns nicht los 154

Mission auf dem Horombe-Plateau 155

Der *Lonaky* wünscht sich eine Schule für sein Dorf 157

Der Geist Gottes arbeitet in Mangona 160

Bruder Tina, ein besonderer Mann Gottes 161

Ein Brunnen für das Dorf Lambomena 165

Die Beichte des alten Manaja 166

Ein Zyklon fegt über dem Horombe 168

Bischof Philippes große Sorgen 169

Die Hölle von Ihosy 169

Mbelo und Faly – zwei gefährliche Gefangene 171

Dama, ein unschuldig Gefangener 173

Krankheit und Heimaturlaub 175

Enzo muss zweimal operiert werden 176

Die große Misere in Ilena 177

Abschied von Bischof Philippe 179

Von Ratten und anderen Plagen in Ilena 180

Gemeinsames Saubermachen 182

Das große Problem des Alkoholismus 184

Die Frauen, die größten Leidtragenden 184

Sanierung der Häuser und der Ambulanz 186

Die Würde der Leprakranken 190

Arbeit im Hühnerstall und auf dem Acker 192

Von Würmern und anderen Parasiten 193

Auferstehung eines Lepradorfes 195

Typhus und das Geschenk des sauberen Wassers 197

Ein Recht auf Schulbildung 198

Bruder Claude Fritz hilft beim Bau der Schule 199

In Ilena wächst das Selbstwertgefühl 201

„Ich will nicht heiraten" 203

Ilena ist SEIN Werk, nicht unseres 204

Abschiedsessen und eine letzte Aufmunterung 206

Wir waren nur kleine Werkzeuge 209

Danksagung 210

ANHANG: DIE PEST IST ZURÜCK 214
Marie Czernin

Vorwort

Äußerst bescheiden treten Enzo und Elisabeth Caruso in Erscheinung. Einfach gekleidet und klein von Statur würde man die beiden bei einer Veranstaltung vielleicht sogar übersehen. Doch hinter dem alten Ehepaar verbirgt sich eine spannende Lebensgeschichte, die erzählt werden will. Die Carusos sind nämlich Missionare, und zwar als Ehepaar! Enzo stammt aus Sizilien und wuchs in Mailand auf, Elisabeth ist eine gebürtige Salzburgerin. Das Feuer, sich missionarisch zu engagieren, wurde bei Enzo schon in jungen Jahren entzündet. Bei seinen Einsätzen ab 1963 in einer Mission der Lazaristen auf Madagaskar wuchs seine Liebe zu den Menschen in diesem Land, das zu den ärmsten der Welt zählt. Auch Elisabeth kannte das Land, da sie dort als junge Krankenschwester in einer Ambulanz gearbeitet hatte. Beide lernten sogar ein wenig Malagasy, das ist die Landessprache von Madagaskar. 1977 heirateten Enzo und Elisabeth im Mailänder Dom und ein Jahr später übersiedelten sie nach Wien. Die Carusos arbeiteten beide als diplomierte Krankenpfleger im Krankenhaus Lainz und wohnten in einem Haus mit Garten in Altmannsdorf.

Als für Elisabeth die Zeit der Pensionierung kam, erfasste die beiden eine Unruhe: Es war die Sehnsucht, in ein Entwicklungsland zu gehen. Schon als Krankenpfleger hatte Enzo ehrenamtlich in der Spitalskrankenhausseelsorge mitgearbeitet. Jetzt wollten beide noch etwas Sinnvolles für Menschen tun, die sie brauchten. Schließlich entschlossen sie sich, als Laienmissionare nach Afrika zu gehen, um sich dort der Ärmsten der Armen anzunehmen.

Papst Franziskus wird seit seinem Amtsantritt nicht müde, der Kirche ins Gedächtnis zu rufen, dass *alle* eine missionarische Sendung haben. „Wer getauft ist, der ist auch schon gesandt", so lautete sein Motto für den Außerordentlichen Monat der Weltmission Oktober 2019. Ach würde unser Papst, der selbst aus einem Missionsland stammt, doch mehr gehört werden! Warum vergessen wir darauf, dass wir alle schon durch die Taufe zu Schwestern und Brüder Jesu

Christi geworden sind. Und so wie Christus vom Vater gesandt wurde, so sind auch wir alle schon kraft der Taufe in die Welt hinaus gesandt, bis an die Enden der Erde, um die Frohe Botschaft allen Geschöpfen zu verkünden.

Es war mir ein großes Anliegen, dieses Buch mit den Erlebnissen eines Missionarsehepaares zu veröffentlichen. Ich verspreche jedem, der das Buch liest, dass er dadurch Appetit auf Mission bekommen wird. Zwei „normale" Menschen sind bereit, ihr Leben zwischen Schlangen und Moskitos für Leprakranke und Aussätzige hinzugeben. Das Lebenszeugnis von Enzo und Elisabeth ruft uns allen zu: Trau Dich! Tu etwas! Jeder von uns hat eine Mission. Oder, wie Papst Franziskus immer wieder sagt: „Jeder von uns *ist* eine Mission!" Wir müssen nur herausfinden, worin diese Mission besteht. Die Carusos helfen uns dabei.

Freilich, nicht jeder kann nach Afrika gehen, um die Frohe Botschaft zu verkünden. In unserer globalisierten Welt sind die „Grenzen der Erde" ja nahegerückt und sie werden immer „verschwommener" und „durchlässiger". Daher spricht Papst Franziskus lieber von den „äußersten Peripherien der Gesellschaft", von konkreten Situationen und Menschen im Hier und Jetzt. Elisabeth und Enzo waren nicht nur in den vielen Jahren in Benin und Madagaskar bei den Kranken und Ausgestoßenen; sie sind noch heute hier in Wien im seelsorgerlichen Einsatz in Kranken- und Pflegeheimen.

1990 machten die beiden einen Schenkungsvertrag über ihr Haus und ihren Garten an das Missionswerk der Kamillianer, eines weltweit wirkenden Krankenpflegeordens. So waren die Carusos also frei und brachen ins Ungewisse auf. Pater Leonhard Gregotsch bot ihnen an, zunächst einmal auf drei Jahre in Benin in einer Mission der Kamillianer mitzuarbeiten. Dort hatten die Kamillianer in dem kleinen Ort Davougon eine Leprastation aufgebaut und konnten die professionelle Unterstützung durch zwei ausgebildete Krankenpfleger bei der Betreuung der Kranken gut brauchen. Mehr noch: Durch „Ärzte ohne Grenzen" erhielten die Carusos in Benin eine hervorragende Ausbildung in Tropenmedizin!

So sammelten sie in den drei Jahren in Benin wertvolle Erfahrungen bei der Behandlung und Betreuung von Leprakranken und wurden gut auf die nächste Etappe vorbereitet. Denn Gott hatte weitere Pläne, er wollte sie in Madagaskar haben! Sein Ruf an Enzo und Elisabeth erfolgte ganz konkret: Eines Tages erhielt Enzo einen Brief von Bischof Jean-Guy Rakodondravahatra: „Wenn ihr mit diesen drei Jahren in Benin fertig seid, dann kommt zu mir. Hier in Madagaskar gibt es noch viel mehr Armut."

Enzo und Elisabeth überlegten nicht. 1994 begannen sie ihren Einsatz in Madagaskar, der 12 Jahre lang dauern sollte. Das Leid und die unbeschreibliche Armut, die sie dort erwarteten, waren überwältigend. Dennoch überwog die Freude, denn für beide boten sich unzählige Gelegenheiten, Christus in den Ärmsten der Armen – in Leprakranken, Gefangenen und Ausgestoßenen – zu begegnen und zu dienen. Davon erzählen sie in diesem Buch. Ihre Erlebnisse können niemanden kalt lassen. Es ist ein unergründliches Geheimnis, dass den beiden keine eigenen Kinder geschenkt wurden. Doch für wie viele Kinder, Kranke und Alte, Ausgestoßene und Vergessene sind sie zur Mutter und zum Vater geworden!

Das Ehepaar Caruso hat mich schon immer durch seine Bescheidenheit beeindruckt, wenn sie zu unserer Mittagsmesse oder zu Vorträgen gekommen sind. Bei einem Besuch in ihrer bescheidenen Wiener Wohnung hat mir eine innere Stimme gesagt: „Pater Karl, bitte die beiden, ein Buch über ihre Erfahrungen in der Mission zu schreiben!" Ich tat es und erhielt eine strikte Ablehnung: „Auf keinen Fall! Das ist gegen die Demut." Diese Antwort hatte ich natürlich erwartet, aber wir Priester haben da unsere „Tricks". Schwester Lucia von Fatima sagt, dass kein Problem existiert, das nicht durch den Rosenkranz gelöst werden kann. So begann ich zu beten. Und nicht nur ich allein.

Ein Jahr lang haben Enzo und Elisabeth mit sich gerungen. Dann kam die erlösende Antwort: „Ja, Pater Karl, wir schreiben unsere Erlebnisse nieder." Ich habe Ehrfurcht vor diesem Buch, denn es hat Enzo und Elisabeth nicht nur viel Arbeit, sondern noch mehr Selbstüberwindung gekostet. Doch ich bin ganz sicher, dass es wichtig ist, dass es solche Bücher gibt. Enzo und Elisabeth, zwei Menschen wie

Du und ich, sind eine lebendige Einladung an Dich und mich: „Sei missionarisch!" Jeder kann es. Jeder hat eine Mission.

So danke ich allen, die zur Fertigstellung dieses Buches beigetragen haben, besonders der bewährten Missio-Mitarbeiterin Marie Czernin für die redaktionelle Bearbeitung. Die Päpstlichen Missionswerke in Österreich möchten mit diesem Buch in der „Edition Missio" nicht nur den Wunsch von Papst Franziskus erfüllen, missionarische Persönlichkeiten bekannt zu machen. Es ist ein Geschenk, dass es Menschen wie Enzo und Elisabeth Caruso gibt und es ist auch für uns eine Gnade, sie kennen und der Öffentlichkeit vorstellen zu dürfen.

Pater Dr. Karl Wallner OCist
Nationaldirektor der Päpstlichen Missionswerke

Aufbruch ins Ungewisse

Am 6. Jänner 1991, Fest der Erscheinung des Herrn, war es endlich soweit: In unserer Pfarrkirche Altmannsdorf in Wien-Meidling spendete Pfarrer Bruno Layr Enzo und mir den Sendungssegen für unseren Einsatz als Laien-Missionare in Afrika. Viele Glückwünsche und Umarmungen der Pfarrgemeinde, in der wir uns geborgen und wie ein Teil einer großen Familie fühlten, begleiteten uns auf unserem Weg.

Seit vielen Jahren hatten wir ein drängendes Bedürfnis verspürt, uns für die benachteiligte Bevölkerung in den Entwicklungsländern einzusetzen und dadurch von unserem Glauben und unserer Gewissheit, dass Gott Barmherzigkeit ist, Zeugnis zu geben. Dabei dachten wir immer wieder an die Leprakranken, sowie auch an viele andere Kranke, die keine Möglichkeit haben, eine medizinische Behandlung zu bekommen.

Das war wohl einer der Gründe, wenn nicht sogar der Hauptgrund, warum Enzo aus Sizilien und ich aus Salzburg stammend, vor vielen Jahren von Gott zusammengeführt wurden. Es war im Jahr 1977, dass wir den Entschluss fassten, gemeinsam diesen Weg zu gehen, geheiligt durch das Sakrament der Ehe. Wir arbeiteten damals beide als diplomierte Krankenschwester und diplomierter Krankenpfleger im Wiener Krankenhaus Lainz – heute besser bekannt als „Klinikum Hietzing".

Wir kannten daher den Orden der Kamillianer, dem die Seelsorge der Kranken dort aufgetragen war. Ehrenamtlich war Enzo auch noch im Wilhelminenspital als Krankenhausseelsorger engagiert und ich in unserer Pfarre Altmannsdorf. Wir hatten beide ein Diplom der Theologischen Kurse am Stephansplatz erlangt, was uns dann in Afrika zugute kam. Nach dem zweijährigen Studium hatten Enzo und ich ein gutes theologisches Fundament erlangt, und so konnten wir später auch als Katecheten in Benin und in Madagaskar wirken.

Wir wandten uns daher an Pater Leonhard Gregotsch, den damaligen Provinzial der Kamillianer und baten ihn um seinen Rat. Pater Gregotsch war auch für das Missionswerk der Kamillianer verantwortlich, das 1971 als eine Frucht des Zweiten Vatikanischen Konzils von Pater Dr. Peter Bolech gegründet worden war. Durch dieses Werk wollen die Kamillianer das missionarische Bewusstsein in Österreich stärken. Ganz im Sinne des Konzils, das besagt, dass der Missionsauftrag an alle Christen ergeht, also auch an uns Laien.

Im Gespräch mit Pater Gregotsch bemerkten wir, dass das Ideal des heiligen Kamillus dem entsprach, was wir suchten: „Christus in den Kranken und Leidenden zu dienen." Dieses Ideal gibt unserem Leben bis heute Sinn.

Wir waren froh, von Pater Gregotsch viele wichtige Informationen über die Mission der Kamillianer in Afrika zu erhalten und sehr dankbar, dass er uns sein Vertrauen schenkte. Also begannen wir, unseren ersten missionarischen Einsatz vorzubereiten. Die Entscheidung war gefallen. Es ging nach Westafrika, in ein kleines Lepradorf im Benin.

Pater Leonhard Gregotsch und unser Freund Walter Radl brachten uns am 13. Jänner zum Flughafen Schwechat. Pater Gregotsch zahlte großzügig das Übergewicht unseres Gepäcks von insgesamt 80 Kilogramm! Immerhin sollten wir die nächsten drei Jahre im Benin verbringen und brauchten für unseren Einsatz im Lepradorf Davougon auch viele Medikamente und ausreichend Verbandsmaterial.

Am Flughafen verabschiedeten wir uns herzlich von Walter Radl und Pater Gregotsch, der unser Angebot, etwas für die Leprakranken zu tun, angenommen hatte. Er schickte uns also nach Benin zu seinen französischen Mitbrüdern, die in Davougon, einem Dorf unweit der Stadt Abomey, ein Zentrum für Leprakranke und eine kleine allgemeine Ambulanz für diverse andere Krankheiten leiteten.

Mit Pater Gregotsch regelten wir auch noch unsere finanziellen Sachen: Unser Haus samt Garten an den Eisteichen 24 im 12. Wiener Gemeindebezirk übergaben wir in einem Schenkungsvertrag dem Missionswerk der Kamillianer, allerdings unter einer Bedingung: Wir wollten weiterhin den kleinen Zubau bewohnen, wenn wir wieder nach Wien zurückkommen. Unseren Lebensunterhalt und die Pensionsversicherung für Enzo sollten von nun an die Kamillianer übernehmen. Ich selbst stand bereits vor der Pensionierung. So war das Wichtigste schnell geregelt und wir stiegen, trotz eines etwas mulmigen Gefühls, zuversichtlich ins Flugzeug ein. Es war ein Flug ins Ungewisse. Wir wussten nicht, was uns wohl in Afrika erwarten würde. Ein großes Abenteuer stand uns bevor. Wir hatten nur leichte Sommerkleidung im Gepäck, denn unser Ziel war ja Benin – mit einer kurzen Zwischenlandung in Moskau.

EINE REISE MIT HINDERNISSEN

Unsere Reise begann schon in Moskau mit einer Überraschung: Das Flugzeug hatte eine Panne, und so hieß es, bis zum nächsten Tag auf den Weiterflug warten. Wir wurden mit dem Handgepäck, das allein schon um die 40 Kilo wog, in der Nacht in ein Hotel unweit des Flughafens Scheremetjewo gebracht. Es schneite stark, und die Temperaturen waren unter Null Grad gesunken. Im Hotel angekommen, bekamen wir eine lauwarme Suppe mit Brot und etwas Wurst serviert. Danach erklärte uns ein Hotelangestellter, dass es hier für uns keinen Platz zum Übernachten gebe. Wir mussten also zu Fuß in eine Dépendence des Hotels gehen, die ungefähr einen Kilometer weit entfernt lag. Es war stockdunkel, die Schneeflocken wurden immer dicker, und wir hatten nur leichte Schuhe an und keine Kopfbedeckung. Dazu noch das schwere Handgepäck. Die Straße war verschneit, es gab keine Straßenbeleuchtung, und so stapften wir müde in der Nacht dahin, ohne zu wissen, ob wir am richtigen Weg waren. Man zeigte uns nur in welcher Richtung dieses Haus lag. Gott sei Dank begegneten wir nach einer Zeit einem Mann, der sich unser erbarmte und uns bis zu jenem Gebäude begleitete. Das Haus war total heruntergekommen, nicht geheizt, es gab keine Leintücher, nur eine schwere, schmutzige Filzdecke. Also legten wir uns mit allem, was wir am Leib anhatten, ins Bett und froren. Im Zimmer stank es furchtbar, aber wir konnten wegen der Kälte die Fenster nicht öffnen. Von Schlafen war keine Rede. Früh am Morgen wurden wir von einem Auto abgeholt, das uns zum Flughafen brachte. In der Früh hatte es minus 18 Grad

Celsius. Wir waren erleichtert, als wir wieder im Flugzeug saßen und einen heißen Kaffee trinken konnten.

Nach einigen Stunden Flugzeit befanden wir uns bereits über dem Mittelmeer. Vom Flugzeugfenster aus sahen wir den großen afrikanischen Kontinent auf uns zukommen. Wir flogen über die Sahara und bestaunten dieses riesige Wüstengebiet. Allmählich wurde die Landschaft etwas grüner, und wir näherten uns der langen Küste am Atlantik. Da konnten wir bereits das Ziel unserer langen Reise unter dem Flugzeug erblicken: die große Küstenstadt Cotonou, wo wir um fünf Uhr Nachmittag landeten.

Pater Christian Stenou wartete bereits auf uns in der Eingangshalle des Flughafens. Er umarmte uns und hieß uns herzlich willkommen. Beim Verlassen des Flughafens schlugen uns Temperaturen von plus 38 Grad Celsius entgegen. Pater Christian fuhr mit seinem Auto zu einem Schwesternhaus, wo wir uns schnell umziehen konnten. Danach machten wir uns gleich auf den Weg nach Davougon, einem Dorf, das 130 Kilometer nördlich von Cotonou im Landesinneren liegt. Vom Auto aus beobachteten Enzo und ich voller Neugier das bunte Leben in den Straßen von Cotonou, der größten Stadt Benins mit rund 700.000 Einwohnern.

Es war unser erster Besuch in einem westafrikanischen Land. Vieles war für uns ganz neu, vor allem auch die Sprache Fon (oder auch Fongbè genannt), die neben der Amtssprache Französisch vor allem im südlichen Teil von Benin verbreitet ist.

Am Stadtrand endete plötzlich die asphaltierte Straße. Also setzten wir unsere Reise auf einem staubigen Landweg fort und kamen um elf Uhr abends todmüde in Davougon an. Nach einem bescheidenen Abendessen zeigte uns Pater Christian unsere Unterkunft. Es war ein kleines, aber sauberes Haus, das Pater Gregotsch für die Kamillianer-Mission finanziert und bereitgestellt hatte. Auf dem Bett gab es weder Pölster noch Decken. Dort lagen nur ein Leintuch und ein am Plafond befestigtes Moskitonetz, das man über das Bett spannen konnte. Aus Vorsorge hatten wir in einem unserer Koffer zwei Kopfpölster mitgenommen. So fielen wir bald erschöpft von der langen Reise in tiefen Schlaf.

Benin
(Jänner 1991 – Dezember 1993)

Zum Bruder & Freund geworden: Enzo hat keine Berührungsängste und umarmt Adó, einen Leprakranken. Dieser freut sich, Enzo in seinem Dorf Davougon willkommen zu heißen.

ERSTER ARBEITSTAG
IM LEPRADORF DAVOUGON

Am nächsten Tag hieß es bereits um halb sieben Uhr früh aufstehen, denn um sieben Uhr war Heilige Messe in der Kirche neben der Leprastation. Nach dem Frühstück sagte Pater Christian zu Enzo: „Komm gleich mit zu den Leprakranken!" Also ging es sofort los mit der Arbeit in einem Land, das uns ganz und gar fremd war.

Aber als diplomierte Krankenpfleger und Krankenschwester war uns natürlich die Arbeit mit den Kranken vertraut, auch wenn die Arbeitsumstände in Benin so ganz anders waren und sich von jenen in Österreich wie Tag und Nacht unterschieden.

Während Enzo sich sofort um die Leprakranken kümmerte, wurde ich zur Arbeit in der allgemeinen Ambulanz eingeteilt, wo Kranke aller Art aus der ganzen Umgebung behandelt wurden. Für die Ambulanz war Pater Bernhard Moegele zuständig. Sowohl Pater Christian als auch Pater Bernhard stammten ursprünglich aus Frankreich. Sie waren schon seit vielen Jahren im Benin als Missionare tätig.

Auf dem Weg zur allgemeinen Ambulanz „Saint Camille" im Lepradorf Davougon.

Später erzählte mir Enzo von seinen ersten Eindrücken in der Leprastation: „Pater Christian zeigte mir schnell die Küche. Es war ein schwarzer Raum, aus dem dicker Rauch kam. Man konnte darin ein paar Eisenkessel auf einem offenen Feuerplatz erkennen. Von weitem konnte man ein paar nackte Kinder herumlaufen sehen. Ich hörte das laute Reden von Leuten, und immer intensiver wurde der Gestank der Lepra. Während wir uns dem Haus, in dem die Leprakranken behandelt wurden, näherten, fing ich auf einmal an, am ganzen Leib zu zittern. Ich war peinlich berührt von meiner Reaktion. Um keinen Preis wollte ich meiner Schwäche nachgeben oder sie anderen zeigen. Ich sagte mir: ‚Enzo, nur weiter so, immer vorwärts!'"

Vor dem Behandlungsraum der Leprastation saßen die verstümmelten Menschen auf dem Boden. Zum Teil waren sie blind. Neben einem Mann lag eine große tote Ratte. „Die ist sein Mittagessen", erklärte Pater Christian schmunzelnd. Dann stellte er Enzo einige Kranke vor. Durch ihre entstellten Gesichter konnte man ein gutmütiges Lächeln nur erahnen, es glich eher einem fratzenhaften Grinsen. „Ich nahm meinen ganzen Mut zusammen und nahm respektvoll ihre verstümmelten Finger in meine Hände und begrüßte sie auf Französisch mit einem freundlichen ‚Bonjour!' Es blieb keine Zeit, um meinen aufgewühlten Gefühlen nachzuhängen. Ich spürte aber, dass mir diese Aussätzigen eine menschliche Wärme entgegenbrachten. Das tat wohl und verlieh mir innerlich neue Kraft."

Eilig, so wie es seine Art war, zeigte Pater Christian Enzo das notwendige Verbandsmaterial, wies ihm die Kranken zu, die er zu verbinden hatte – und ging weg. Er hatte noch anderes zu tun. „Zum Glück war da ein einheimischer Pfleger namens Pascal. Er war ein Mann mittleren Alters und Vater von fünfzehn Kindern. Er hatte ein gutmütiges Lächeln, sprach Französisch und gab mir bereitwillig Auskunft, wenn mir etwas nicht ganz klar war", erinnert sich Enzo an diese Zeit.

So stand mein Mann nun vor seinem ersten Leprakranken. Er streckte ihm seinen Fuß entgegen, der nicht viel mehr war als ein stinkender Klumpen. Eine faulende Wunde klaffte bis auf den Knochen hinab. „Genau in diesem Moment überkam mich eine tiefe, innere Freude. Ich dachte an die Stelle im Matthäusevangelium Kapitel 25, wo es heißt: ‚Was ihr dem Geringsten meiner Brüder tut, das habt ihr mir getan!' – Fast musste ich lachen und antwortete dem Herrn: ‚Auf diese Weise willst Du mir also heute begegnen. – Gern! Aber wenn Du mich dann in meiner Armseligkeit zu Dir rufst, dann bitte vergiss nicht, dass ich Dir auch einmal Deine stinkenden und faulenden Füße versorgt habe!'"

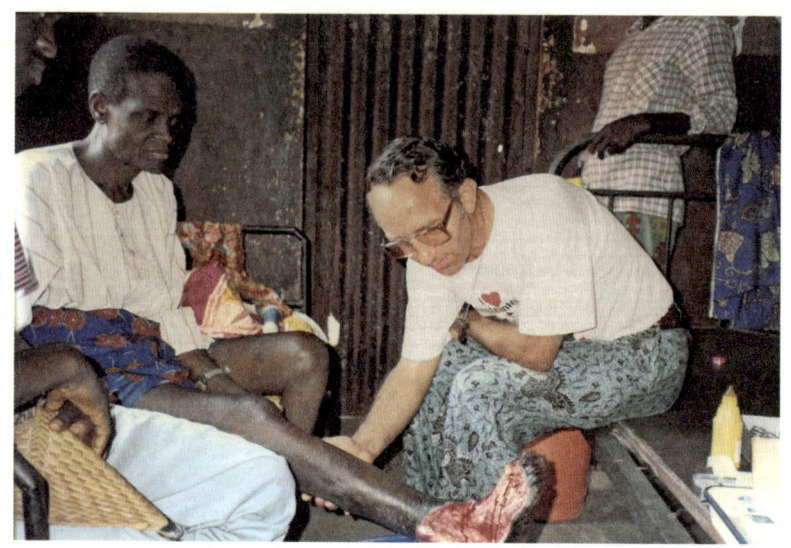

„Herr vergiss nicht, dass ich Dir den wunden Fuß versorgt habe!"

Das war also der erste Tag von insgesamt 16 Jahren in Afrika. Wenn
wir heute daran zurückdenken, war es bestimmt die schönste Zeit
unseres Lebens. Während dieser Jahre lebten wir im Bewusstsein, dass
Jesus uns in den Armen und Kranken begegnet. Diese Erfahrung gab
uns Kraft und eine neue Richtung für unser Leben.

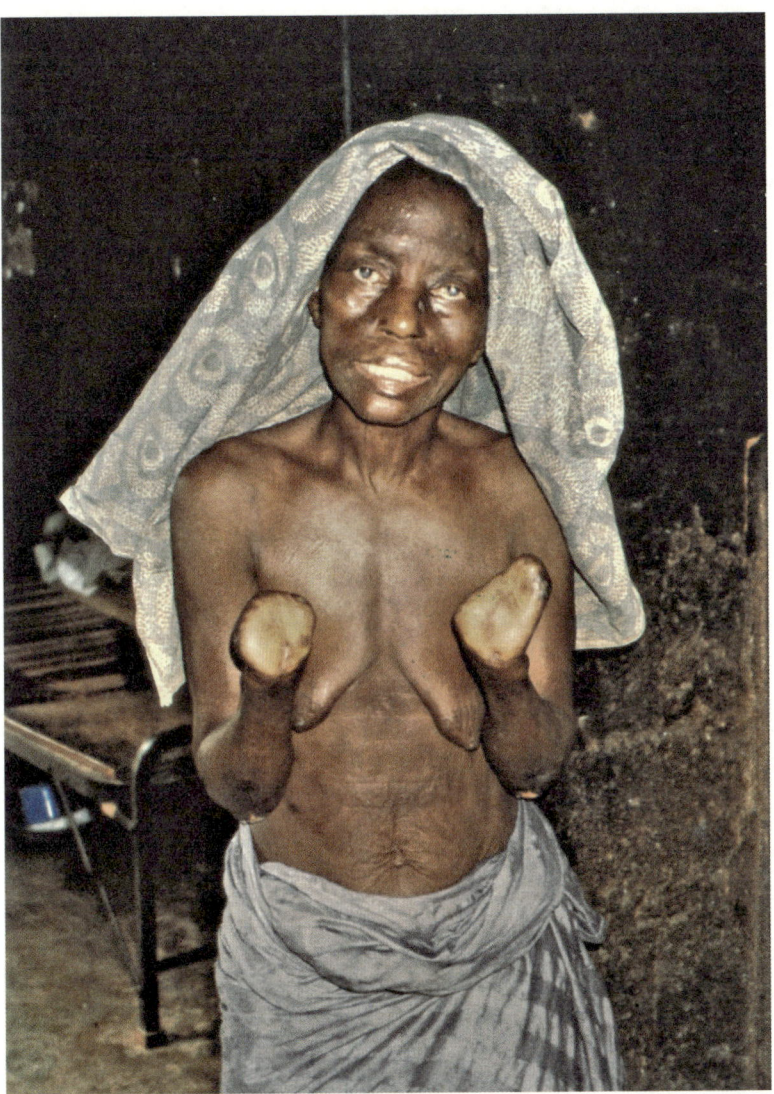

Mit ihren verstümmelten Händen begrüßt Leonie die beiden Krankenpfleger aus Österreich: Trotz ihrer schweren Erkrankung ist sie dankbar und in Frieden mit ihrem schweren Los.

NESTOR UND ANDERE LEPRAKRANKE

Enzo arbeitete drei Jahre lang in Davougon mit Pater Christian zusammen. Pater Christian war ein leidenschaftlicher Krankenpfleger, der große Erfahrung in der Behandlung von Leprakranken gesammelt hatte. Er war mit der Ausbildung des Pflegepersonals in allen Leprastationen des Landes beauftragt und daher viel unterwegs. So war Enzo öfters über längere Zeit mit den 90 Leprakranken und deren Familien ganz allein und für sie verantwortlich. Zum Glück gab es die beiden Hilfspfleger Pascal und Henry, die ihre Arbeit gewissenhaft machten und zu wirklichen Freunden wurden. Enzo behandelte die Leprakranken mit einer Kombinationstherapie, die gute Erfolge zeigte. Dabei musste der Kranke mit Infusionen und Cortison behandelt und dazu genau überwacht werden. Oft kam es aber auch aufgrund dieser Therapie zu den gefürchteten Nebenwirkungen, die zu einer Behinderung führen konnten. Manchmal waren diese Nebenwirkungen sogar lebensbedrohlich.

Da war zum Beispiel der junge Nestor, ein Leprakranker, der nach einer sechsmonatigen Behandlung gesund und munter wieder nach Hause ging. Doch leider verspürte er kurze Zeit darauf starke Müdigkeit und entdeckte ein Geschwür im rechten Oberbauch. So kam er zurück zur Leprastation. Pater Christian war in diesem Moment nicht da. Nach massiven Blutungen war Nestor ganz anämisch. Schnell spendete ihm Enzo sein eigenes Blut. Beide hatten zum Glück die gleiche Blutgruppe: Null positiv. Doch dann konnte der Tumor diagnostiziert werden: Es war Leberkrebs. Mit Würde, ja sogar mit gelöster Heiterkeit ertrug Nestor sein Los und führte lange Gespräche mit Enzo, in denen es um sein Leben und sein Schicksal ging. Eines Tages bat er ihn um das Sakrament der Taufe. Also taufte Pater Bernhard Nestor in der Kirche der Leprastation. Fünf Tage später schlief er friedlich ein. Enzo war bei ihm und erfüllte ihm auch seinen letzten Wunsch, in seinem Heimatdorf begraben zu werden. Also brachte Enzo den Leichnam nach Hause und erwies ihm so den letzten Dienst.

Nestor, ein junger Leprakranker, dem Enzo sein eigenes Blut gespendet hat, trägt seine Krankheit mit Würde. Fünf Tage nach seiner Taufe erliegt Nestor dem Leberkrebs.

RÜCKKEHR IN DIE DORFGEMEINSCHAFT

Das Ziel der Behandlung von Leprakranken war aber nicht nur die Heilung, sondern auch ihre Wiedereingliederung in die Dorfgemeinschaft. Das war nicht leicht, denn noch immer werden Leprakranke wie Aussätzige behandelt, und die Krankheit hängt wie ein Fluch über jedem Befallenen.

So musste alles getan werden, damit der Leprakranke wieder als vollwertiges Mitglied der Gesellschaft in sein Dorf zurückkehren konnte. Zuerst nahmen wir Kontakt mit dem Dorf auf und erklärten der Familie, dass ihr Angehöriger nicht mehr ansteckend ist. Wir versicherten ihnen auch, dass er dem Dorf nicht zur Last fallen würde. Danach schauten wir dort nach, ob der Betroffene überhaupt noch ein Haus hatte und wie renovierungsbedürftig es war. Der Geheilte bekam auch Saatgut und Werkzeug als Startkapital mit. Wenn jemand so verstümmelt war, dass er nicht mehr auf dem Feld arbeiten konnte, bekam er Geld, um ein kleines Geschäft aufbauen zu können. Wir versuchten, alles zu tun, um den Geheilten in sein Dorf zu integrieren, sodass er nicht mehr vom Betteln leben musste.

Die einfachen Häuser im Lepradorf sind ärmlich: ein runder Grundriss, die Wände aus roter Lehmerde, ohne Fenster und mit einem Strohdach gedeckt.

DIE FON UND DER VOODOO-KULT

Regelmäßig besuchten Enzo, Pascal und Henry die geheilten „Leprakranken" in ihren Dörfern, um nachzusehen, ob alles mit ihrer Wiedereingliederung in die Dorfgemeinschaft soweit gut klappte. Sie suchten auch nach neuen Fällen von Lepra in der Umgebung von Davougon bis nach Abomey, der Provinz-Hauptstadt des Départements Zou. Auf diese Weise hatte Enzo oft auch Gelegenheit, mit der lokalen Bevölkerung und mit der alten Kultur der Fon in Berührung zu kommen.

Manchmal begleitete ich Enzo in die Provinzhauptstadt, die ein paar interessante Sehenswürdigkeiten zu bieten hat. Wir hatten zwar immer nur wenig Zeit, aber die „Königspaläste von Abomey" mit ihren alten Lehmhütten mussten wir doch bewundern. Immerhin wurden sie 1985 von der UNESCO zum Weltkulturerbe erklärt. Abomey war bereits im 17. Jahrhundert die Hauptstadt des Königreichs Dahomey, einer mächtigen Dynastie, die zur Volksgruppe der Fon gehörte.

In den entlegenen Gegenden waren die Dörfer aufgrund der schlechten Straßen oft nur schwer zugänglich. Die Häuser waren aus Lehm und mit Stroh oder Wellblechdächern gedeckt. Von Strom und Fließwasser war gar keine Rede. Die Feste und Bräuche der Fon wie überhaupt das ganze Alltagsleben waren stark vom Voodoo-Kult geprägt.

Die alte Königsstadt Abomey, so sagte man, ist die Heimat des Voodoo-Kultes. So war es auch zu unserer Zeit noch ganz normal, dass ein Kranker, bevor er ins Spital gebracht wurde, zuerst von einem Medizinmann mit Voodoo-Riten behandelt wurde. Dabei wurde ein Tier geopfert und dazu mit Trommel-Rhythmen so lange getanzt, bis die Angehörigen in Trance fielen. Reichte dieses Ritual nicht aus, um den Kranken zu heilen, dann hatte der Betroffene leider viel kostbare Zeit verloren, und seine Chancen auf Heilung waren dadurch noch geringer geworden. Wir blieben diesem Ritual gegenüber skeptisch und betrachteten vieles kritisch, weil Voodoo oft keine Heilung brachte und auch stark mit schwarzer Magie zu tun hat. Man sagt, an manchen Orten wurden sogar auch Menschen bei den Ritualen geopfert. Aber so etwas haben wir Gott sei Dank nie erlebt. Die Leute, denen wir begegneten, waren jedoch noch stark in der Voodoo-Kultur verwurzelt und vermischten daher oft christliche Elemente mit Voodoo-Riten, was durchaus problematisch ist.

Des Öfteren wurden wir zu den Festen der Fon, wie zum Beispiel zu einer Hochzeit oder auch zu einer Totenfeier eingeladen. Einmal waren wir beim Begräbnis eines alten Mannes namens Camille, den

Enzo auf die Taufe vorbereitet hatte. Er war auch sein Taufpate. Es wurde Nachtwache gehalten mit Gebet, Liedern und Tanz. Trommel-Tamtam und leider auch viel Alkohol waren oft im Spiel. Der Tote wurde im eigenen Haus begraben. Zurück blieb das Totentuch als Zeichen der Verbundenheit. Bei all diesen Festen wurden wir als willkommene Gäste aufgenommen, sodass wir uns trotz aller kultureller Unterschiede als ein Teil der feiernden oder auch der trauernden Dorfgemeinde fühlten.

Ein kultureller Aspekt, der uns fremd war, ist natürlich die Polygamie, die im Benin weit verbreitet ist. Die Frauen haben mehrere Männer und durchschnittlich vier bis sechs Kinder. Im Alter kümmert sich kaum ein Ehemann um seine Frau. Entweder ist er bereits vor ihr gestorben, oder er hat mittlerweile eine jüngere Frau. Daher sind die Kinder der Reichtum und der Stolz jeder Frau, und sie heben ihr Selbstbewusstsein. Jedoch ist auch die Kindersterblichkeit in Benin noch immer sehr hoch.

In den Dörfern der Fon werden Enzo und Elisabeth herzlich willkommen geheißen. Die Menschen sind freundlich und lassen sich gerne mit ihnen fotografieren.

ARBEIT IN DER ALLGEMEINEN AMBULANZ

Während Enzo sich mit Pater Christian um die vielen Leprakranken kümmerte, arbeitete ich mit Pater Bernhard in der allgemeinen Ambulanz. Hier wurden an einem Tag 100 bis 120 Kinder und Erwachsene behandelt. Sechs einheimische Hilfskräfte waren angestellt, die in der Apotheke beim Verbandwechseln mithalfen oder als Dolmetscher eingesetzt waren. Die meisten Krankheiten wurden durch fehlende Hygiene in diesem tropisch, feucht-heißen Klima, aber auch durch Ignoranz und große Armut verursacht. Häufig gab es Fälle von Malaria, Typhus, Amöbiase, Tetanus, Bilharziose, Darm- und Lungeninfekte oder auch Schlangenbisse. Auch die Blutkrankheit Drepanozytose und Hautkrankheiten aller Art waren stark verbreitet. Ich kümmerte mich auch um Verwundete und Verletzte. Aber am meisten hatte ich es mit unterernährten Kindern zu tun. Durch offene Feuerstellen in den Häusern kam es häufig zu schweren Verbrennungen. Die Ambulanz war leider viel zu klein, als dass wir alle Kranken und Hilfsbedürftigen hätten versorgen können, die täglich an unsere Türe klopften. Für die Schwerkranken, die man unmöglich wieder nach Hause schicken konnte, stand uns nur ein kleines Haus zur Verfügung, das Platz für vier Betten hatte. Es gab kein Fließwasser und keinen Strom. Auf den Betten lagen meist acht Kinder, die Infusionen erhielten. Die Erwachsenen – meist waren es Fälle von schwerer Drepanozytose mit Knocheninfektionen und Entzündungen – lagen auf Strohmatten draußen auf der Veranda. In der Regenzeit war das besonders problematisch. Bei starken Tropenstürmen regnete es von allen Seiten auf die Veranda, und der Regen drang oft auch bis ins Innere des Hauses vor. So mussten wir die Kranken oft im Regen versorgen. Als ich einmal, wie üblich, am Nachmittag die Injektionen verabreichte, sah ich eine Frau in ihrer Blutlacke liegen. Sie war an Drepanozytose erkrankt und ihre Bauchwunde begann zu bluten. Gerade hatte es angefangen stürmisch zu regnen. Enzo brachte mir einen Regenmantel. Daher spannte ich meinen Mann gleich ein, mir beim Anlegen eines neuen Verbandes zu helfen, um die Blutung zu stillen. Die Frau war aufgrund des Blutverlustes im Schockzustand und brauchte dringend Infusionen. Gott sei Dank konnten wir die Blutung noch rechtzeitig stoppen. Die angehängte Infusion tropfte gut in die Vene, und die Frau erholte sich allmählich wieder. Als wir später am Abend unseren Rundgang machten, um nach den Schwerkranken zu sehen, mussten wir feststellen, dass sich die Infusionsnadel wieder vom Arm der Frau gelöst hatte, weil sie unruhig war. Es hatte inzwischen aufgehört zu regnen. Das Licht unserer Taschenlampen lockte hunderte von fliegenden Ameisen an. Unter diesen Umständen war es äußerst schwierig, eine Vene zu finden. Schließlich gelang es mir doch noch. Am nächsten Tag ging es der Frau Gott sei Dank bedeutend besser.

Dank der großzügigen Spenden aus unseren Heimatpfarren Altmannsdorf und Bramberg, die uns Pater Gregotsch über das kamillianische Missionswerk zukommen ließ, konnten wir eine noch größere Ambulanz errichten. Von da an war die Arbeit für uns viel leichter, und die Kranken waren besser versorgt. Aus Altmannsdorf und Bramberg erhielten wir auch viele Pakete mit Baby-Milchpulver und mit gebrauchten Kleidungstücken. Besonders großzügig hat sich auch die katholische Frauenbewegung an diesen Sachspenden beteiligt. Somit konnten wir vielen unterernährten Kindern und armen Leuten in der Umgebung von Abomey helfen.

Einmal in der Woche gab es einen Impftag. Durchschnittlich kamen an diesem Tag um die 140 Kinder und Erwachsene aus allen Gegenden zu uns, um sich gegen TBC, Tetanus, Masern und Diphtherie impfen zu lassen. Besonderes Augenmerk legten wir auf den Hygieneunterricht für junge Mütter. Dazu bildeten wir sogar eine junge Angestellte aus. So wurden die Frauen auch über die Bedeutung von ausgewogener Ernährung informiert. Ein besonderer Schwerpunkt galt dem Schutz vor Malaria mit Hilfe von Netzen und Mücken-Sprays. Eine besondere Chance für uns beide war, dass es nur einige Kilometer entfernt ein kleines Spital der französischen „Ärzte ohne Grenzen" gab. Jeden zweiten Samstagnachmittag wurden dort Schulungen für Krankenpfleger angeboten, die auf ihrem Posten ohne Arzt auskommen mussten. Das war unendlich wertvoll für uns. Wir lernten mit schwierigen Situationen umzugehen: Kindern mit schweren Krämpfen, Verletzungen und Verbrennungen, Darminfektionen, Malaria und vielem mehr wurden dort behandelt. Außerdem gab es auch eine Geburtenstation, wo Mütter ihre Kinder entbinden konnten. Besonders eine junge französische Ärztin namens Marie gab sich viele Mühe, uns praktische Tipps zu geben und uns Handgriffe zu zeigen, die lebensrettend sein konnten. Dafür waren wir ihr sehr dankbar, und es ergab sich eine nette Freundschaft mit ihr.

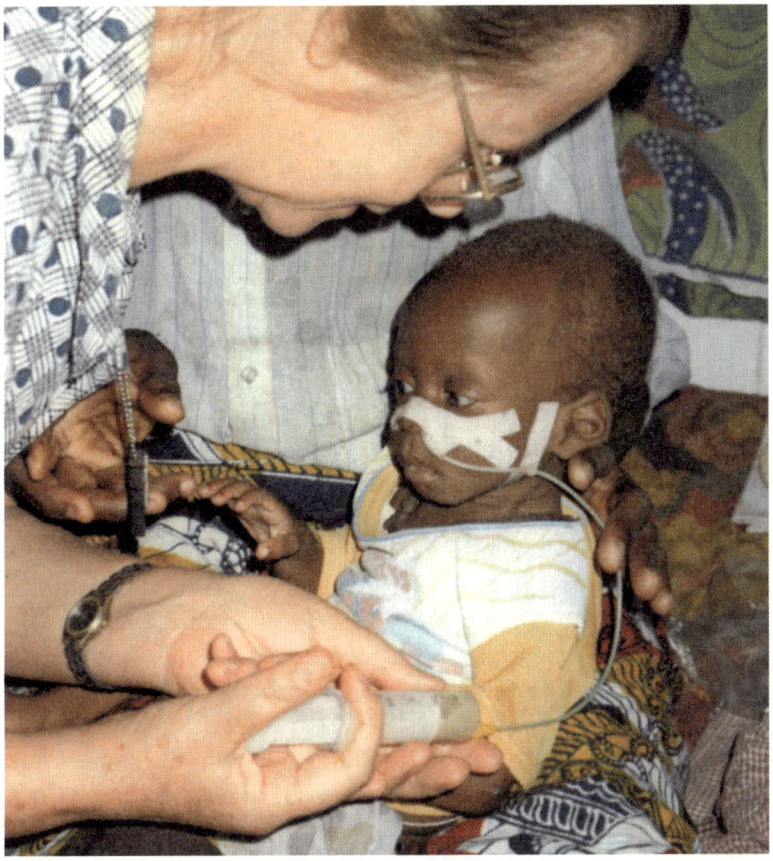

Täglich kommen viele Mütter mit ihren unterernährten Kindern in die Ambulanz.

DAS IDEAL DES HEILIGEN
KAMILLUS DE LELLIS

In Davougon hatten wir auch die Freude, mit vielen jungen Menschen in Kontakt zu kommen und auch mit ihnen zusammenarbeiten zu können. Immer wieder fragten sie uns, warum wir denn das hier machen. Darauf antworteten wir stets wahrheitsgemäß, dass wir Christus nachfolgen wollten, gemäß Seiner Aufforderung im Evangelium: „Was ihr für einen meiner geringsten Brüder getan habt, das habt ihr mir getan" (Matthäus 25,40).

Mit der Zeit wuchsen wir regelrecht zu einer kamillianischen Familie zusammen. An den Abenden versammelten wir uns regelmäßig im Ordenshaus und tauschten uns über die Erlebnisse des Tages aus. Pater Christian sprach eines Abends über das Ideal des Heiligen Kamillus von Lellis (1550-1614) und stellte die Werke der Nächstenliebe vor, zu denen sich die Kamillianer bis heute verpflichten: Zu den drei Gelübden der Armut, Ehelosigkeit und des Gehorsams, die ein Kamillianer bei seiner Ewigen Profess ablegt, kommt noch ein viertes Gelübde hinzu: den Kranken zu dienen, auch unter Einsatz des persönlichen Lebens.

Auch Enzo erzählte gerne über das Leben dieses großen italienischen Heiligen, der nach einem ausschweifenden Leben mit 34 Jahren im Jahr 1584 zum Priester geweiht wurde. Er erwähnte, dass die junge Ordensgemeinschaft bereits zur Lebenszeit ihres Gründers mehrere Bewährungsproben bestehen musste. 1590 brach in Rom eine Typhus-Epidemie aus und forderte viele Opfer. Schon damals wurden die Kranken und Sterbenden von Kamillus und seinen Mitbrüdern betreut. Auch im Kampf gegen Hungersnöte und Pestepidemien waren die „Kamillianer" sehr gefragt, sodass die schnell wachsende Gemeinschaft schon in den ersten Jahrzehnten ihres Bestehens 220 Mitglieder verlor. Sie waren der Pest zum Opfer gefallen und starben als „Märtyrer der Nächstenliebe". Enzo erwähnte gerne auch ein interessantes Detail, das nicht so vielen Menschen bekannt ist: Das große rote Kreuz auf der Ordenstracht der Kamillianer hatte später auch Henri Dunant zur Gründung des „Roten Kreuzes" inspiriert.

CHRISTUS IN DEN ARMEN UND KRANKEN NACHFOLGEN

In unserer Gemeinschaft gab es sechs junge Männer, die sich – inspiriert durch das Vorbild des Heiligen Kamillus – zur radikalen Nachfolge Christi entschlossen hatten: Henri, Denis, Paul, Norbert, Ciriac und Emmanuel. Nach einem Jahr der Vorbereitung versprachen diese sechs jungen Männer am 14. Juli 1993 während einer heiligen Messe in der Kapelle der Kamillianer vor Pater Christian, treu nach diesem Ideal zu leben.

Der 14. Juli war auch der Sterbetag des Heiligen Kamillus, der sich bis zuletzt, gezeichnet von schwerer Krankheit, von Bett zu Bett geschleppt hatte, um nach seinen Kranken zu sehen. Sein gelebtes Beispiel drückte der Heilige Kamillus einmal in diesen Worten aus: „Jeder soll sich unbedingt davor hüten, den armen Kranken mit Abschätzigkeit oder mit lieblosen Worten zu begegnen. Er soll sie mit Geduld und Liebe behandeln. Denn der Herr hat gesagt: Was ihr einem dieser Geringsten getan habt, das habt ihr mir getan. Daher soll jeder im Kranken die Person des Herrn sehen." Und ein anderes Mal sagte er: „Eine Frömmigkeit, die die Werke der Nächstenliebe vernachlässigt, ist falsch. Für mich gibt es eine Frömmigkeit der Tat, die die Arbeit zum Gebet macht."

Henri, Denis, Paul, Norbert, Ciriac und Emmanuel meinten es sehr ernst mit ihrer Nachfolge. So tauschten wir uns mit ihnen immer wieder über unsere Erlebnisse bei den vielen Kranken aus und spürten, dass Gott auch durch uns arbeitet: *Mawo Blo* – „Gott arbeitet", heißt das in ihrer lokalen Sprache Fongbè.

GOTT WIRKT IM GEFÄNGNIS VON ABOMEY

Besonders spürbar war das Wirken Gottes im Gefängnis von Abomey. Enzo besuchte es einmal in der Woche zusammen mit je zwei der jungen Mitarbeiter unseres Lepradorfs, die ein Teil der „kamillianischen Familie" waren. Sie halfen Enzo, in dieser Hölle die Kranken zu versorgen. „Den Armen die Frohbotschaft zu verkünden und den Gefangenen die Befreiung" (Lukas 4,18-19). Das war unser Auftrag.

Enzo im Kreis der „kamillianischen Familie": Die Laienmissionare sind dankbar für das gute Team von Mitarbeitern, die Enzo auch ins Gefängnis von Abomey begleiten.

Es gehörte großer Mut und ebenso großes Gottvertrauen dazu, sich in dieses Gefängnis hineinzuwagen. „Viele Gefangene leiden an Durchfall", schrieb Enzo nach seinem ersten Besuch in einem Brief an Pater Gregotsch. „Sie sind zu 200 in einem fensterlosen, niedrigen Gebäude eingepfercht, das mit Wellblech gedeckt ist. Es ist sehr heiß, und es herrscht schrecklicher Gestank dort. Die meisten verbringen die Nacht in der Hocke kauernd, weil kein Platz zum Niederlegen ist. In der Mitte dieses Raumes steht ein einziger Kübel für die Bedürfnisse der Notdurft. Wer gezwungen ist, diesen Kübel öfters zu benutzen, muss mit der Gewalttätigkeit der Mithäftlinge rechnen. Es gibt nicht einmal eine Aufsicht, an die man sich wenden könnte. Immer wieder treffe ich auf Verwundete, die von gewalttätigen Kriminellen verprügelt worden sind."

Einer, der Dank Enzos Bemühungen und seiner Hilfe diesen menschenunwürdigen Bedingungen entrinnen konnte, war Tokassi, ein ungefähr 30-jähriger Mann. Als Enzo und seine Helfer ihn aufspürten, lag er völlig entkräftet auf dem Lehmboden. Als Kopfpolster benützte er einen Stein. Seine Kleider waren völlig zerrissen und voller Ungeziefer. Er war so schwach, dass er nicht mehr aufstehen konnte. Seine Diagnose lautete: schwere Anämie, Hungerödeme, Brustfell- und Lungenentzündung. Hilfe war dringend notwendig, wenn man ihn vor dem sicheren Tod retten wollte. Sofort sprach Enzo mit dem Gefängnisdirektor. Dieser wandte sich an den Richter. Dabei stellte sich heraus, dass dieser Mann drei Jahre völlig unschuldig eingesperrt war. Damals war seine Mutter erschlagen worden, und als er vom Feld nach Hause kam, fand er sie tot in einer Blutlacke liegen. Tokassi war vor Schrecken wie erstarrt und hatte keine Hilfe geholt. So kamen Männer aus dem Dorf und nahmen ihn als Mörder seiner Mutter fest. Es gab keinen Verteidiger, und Tokassi hätte auch kein Geld gehabt, um sich freizukaufen. Jetzt, wo er nach drei Jahren dem Tod nahe war, wurde er freigesprochen, und Enzo konnte das Bündel Elend im Auto mit ins Lepradorf nehmen, wo er gut behandelt und gepflegt wurde.

Seitdem Enzo und seine mutigen Helfer ins Gefängnis gingen, ging es auch anderen Häftlingen besser. Einmal meinte der Gefängnisaufseher: „Bevor Sie gekommen sind, hatten wir wöchentlich etliche Todesfälle. Seit Sie kommen, stirbt niemand mehr." Enzo zeigte auf seine Mitarbeiter und sagte: „Gemeinsam machen wir das", und die Burschen zeigten auf ihr rotes Kamilluskreuz und sagten: „*Mawo Blo*" – „Gott arbeitet!"

Ein besonders bewegendes Erlebnis war es für Enzo, als im Gefängnis einmal ein Moslem auf ihn zukam, das Kamilluskreuz, das Enzo immer um den Hals trug, in seine Hand nahm, es lange küsste und sagte: „Seit Sie kommen, verprügeln wir uns nicht mehr gegenseitig. Wir beten in der Nacht, denn nun haben wir Hoffnung, einmal noch lebend hier herauszukommen."

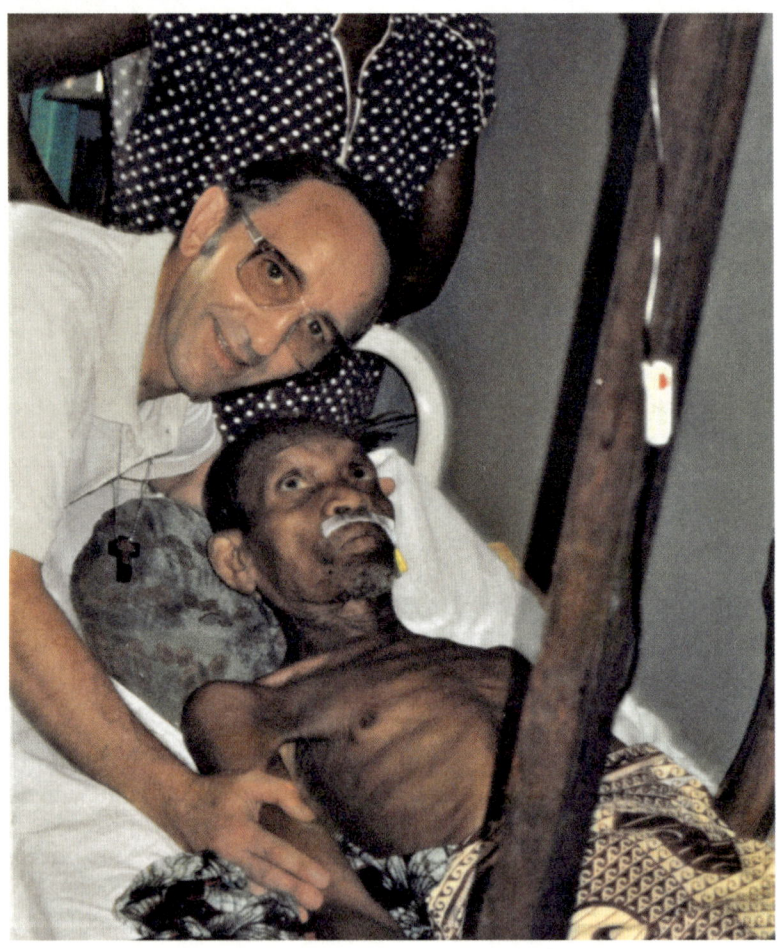

Nach drei Jahren, die Tokassi unschuldig im Gefängnis verbringen muss, kann er kaum noch reden. Als Enzo ihn schließlich zurück ins Lepradorf Davougon bringt, sagt er: „A wá nu kaka. – Vielen Dank."

ABSCHIED VON DAVOUGON

Es war in der dritten Dezemberwoche 1993, dass Enzo von Fieber geschüttelt und mit schweren Bauchschmerzen von einem Besuch im Gefängnis zurückkam. Man vermutete zuerst Malaria. Aber dann wurde bei ihm auch Amöbiase festgestellt mit blutigem Durchfall. Er konnte kaum etwas essen. So hängte ich ihm Infusionen an, und er nahm zusätzlich Medikamente. Trotzdem besserte sich sein Zustand nur wenig. Enzo blieb geschwächt und nahm sehr stark ab.

Die drei Jahre, die wir uns vorgenommen hatten, in Davougon zu bleiben, waren fast um. So telefonierten wir mit Pater Gregotsch und schilderten ihm die Lage. Er gab uns grünes Licht für die Heimreise, damit Enzo sich in Wien untersuchen und gut behandeln lassen könne.

Die Leprakranken und besonders auch die angestellten Hilfskräfte in der Ambulanz waren sehr betroffen, als sie hörten, dass wir sie wieder verlassen würden. Also bereiteten sie ein Fest für uns vor. Wir verbrachten einen schönen, wenn auch etwas traurigen Abend mit ihnen und der Dorfgemeinschaft. Trommelklänge und rhythmische Lieder, die uns in diesen Jahren vertraut geworden waren, untermalten den lauen Abend. Dann hielt Pater Christian eine Ansprache, in der er seine Dankbarkeit, aber auch die Trauer über unsere Abreise zum Ausdruck brachte.

Schweren Herzens verließen wir in den letzten Dezembertagen 1993 unser liebgewonnenes Davougon. Bis heute verbinden uns mit diesem Ort und seinen Einwohnern so viele wunderbare Erinnerungen. Vor allem aber sind wir dankbar für die Gnade, dass wir in so vielen Leidenden dem Herrn begegnen und Ihm dienen konnten. Ja, Er war es, der uns immer begleitete und Seine Präsenz alleine war es, die uns immer wieder neue Kraft verlieh und uns fähig machte durchzuhalten. Die Zeit im Benin war für uns eine gute Vorbereitung für eine neue und noch größere Mission, die bereits auf uns wartete.

URLAUB IN WIEN

In Wien verbrachten wir ein paar Monate vor allem damit, uns von den Strapazen im Benin wieder zu erholen. Die Gesundheit von Enzo war weiterhin sehr angeschlagen. Er verbrachte viel Zeit im Spital und musste sich einer Magenoperation unterziehen und noch andere Behandlungen über sich ergehen lassen.

Gott sei Dank schritt die Genesung von Enzo schnell voran, und so konnte er schon bald nach der Operation das Krankenhaus wieder verlassen. Nach einigen Tagen besuchten wir Pater Gregotsch und erklärten ihm, dass wir nun wieder bereit seien, in ein neues Missionsland aufzubrechen. Also schlug er uns vor, nach Madagaskar zu gehen.

Bischof Jean-Guy Rakodondravahatra, der die Diözese Ihosy im Südosten der großen Insel vor dem afrikanischen Kontinent leitete und Pater Floriano Strappazzon, ein italienischer Lazarist, baten uns, in ihre Diözese zu kommen, um die Missionsstation in Iakora zu unterstützen.

Durch einen früheren Aufenthalt in Madagaskar war uns die wunderschöne Insel im Indischen Ozean schon ein wenig bekannt. Wir waren mit einigen Menschen von dort seit den 1960er Jahren in Briefkontakt geblieben und hatten auch schon etwas Ahnung von Malagasy, der Sprache der Madagassen. Daher waren wir ziemlich überrascht und freuten uns sehr, dass Pater Gregotsch uns ausgerechnet auf diese besondere Insel schicken wollte. Wir dachten nicht lange darüber nach, sondern fingen gleich damit an, wieder unsere Koffer zu packen.

Madagaskar

(Juli 1994 – Jänner 2006)

ANKUNFT IN ANTANANARIVO

Es war der 1. Juli 1994, als uns am Flughafen in Antananarivo, der Hauptstadt von Madagaskar, Pater Floriano Strappazzon vom Missionsorden der Lazaristen erwartete. Am Zoll erlebten wir gleich eine böse Überraschung. Das Mikroskop, das wir für die Diagnostizierung der Lepra mitgebracht hatten, wurde uns vom Flughafen-Personal konfisziert. Alle Erklärungen von Pater Strappazzon halfen nichts. Wir mussten den Flughafen ohne das teure Gerät verlassen. Gott sei Dank kam uns am nächsten Tag die *Fondation Raoul Follerau* – eine luxemburgische Stiftung, die in neun afrikanischen Ländern tätig ist – zu Hilfe, und wir bekamen das Mikroskop wieder zurück. In der Zwischenzeit suchten wir nach einem Kühlschrank, um darin unsere Impfstoffe und verschiedene Medikamente, die uns ein Wiener Krankenhaus mitgegeben hatte, aufzubewahren. Aus unserer Zeit im Benin wussten wir, dass es in Afrika nicht selbstverständlich ist, einen Kühlschrank zu besitzen. Wir stellten fest, dass die Erfahrungen von Davougon uns in diesem Moment halfen, nicht ungeduldig zu werden. Unter vielen Schwierigkeiten fanden wir schließlich einen kleinen Kühlschrank in Antananarivo, der mit Petroleum betrieben wurde.

Anschließend trafen wir in Antananarivo kurz noch Bischof Jean-Guy Rakodondravahatra, der sich gerade in der Hauptstadt aufhielt. Er war einer der ersten einheimischen Priester und wurde auch als erster Madagasse 1972 zum Bischof von Ihosy geweiht. Er begrüßte uns freundlich und erklärte uns, was uns in Iakora nun alles erwarten würde. „Wäret ihr bereit, euch in meiner Diözese auch seelsorgerisch einzubringen?", fragte uns der Bischof, als er sah, dass wir mit allem soweit einverstanden und auch bereit waren, uns um die Leprakranken zu kümmern.

Wir erklärten ihm, dass wir in Wien eine theologische Ausbildung absolviert hatten. „Im Benin konnten wir bereits gute Erfahrungen sammeln im Katechese-Unterricht für Erwachsene. Also können wir gerne auch hier als Katecheten tätig sein." Der Bischof war erfreut über unsere Bereitschaft, ihn in der Seelsorge zu unterstützen. Er erzählte uns, dass es in Iakora ein staatliches Spital mit einem Arzt, einer Hebamme und einigen Krankenpflegern gibt. „Ihr könnt eure Medikamente dort einfach abgeben", bemerkte er am Ende noch so nebenbei.

Diese letzten Worte des Bischofs waren eine kalte Dusche für uns. Wir waren darauf nicht vorbereitet und befürchteten, dass die Ärzte die Medikamente im Krankenhaus nur teuer an die Patienten verkaufen würden. Und das wollten wir verhindern, denn die Medikamente waren für die kleine Ambulanz bestimmt, die mithilfe von Spenden aus Österreich gebaut werden sollte. Also versprachen wir dem Bischof, unser Möglichstes zu tun und verabschiedeten uns etwas enttäuscht von ihm.

Nun war noch eine größere Reparatur bei Pater Strappazzons altem Landrover fällig. Dafür hatte er aber viel zu wenig Geld bei sich, und so bat er uns, von unserem persönlichen Geld den restlichen Teil der Reparatur zu bezahlen. Wir waren etwas überrascht, denn es war auch für uns eine große Stange Geld. Außerdem ließ er uns wissen, dass ihm der Bischof das Geld, das Pater Gregotsch für den Bau der kleinen Ambulanz überwiesen hatte, um die kleine Ambulanz zu bauen, noch nicht ausgehändigt hatte. So konnte er mit dem Bau noch nicht richtig beginnen. Wir schwiegen, hielten uns an der Hand und beteten: „Herr, wir vertrauen auf Dich, Du weißt um uns und alles Bescheid!"

EIN WEITER, STEINIGER WEG
NACH IAKORA

Wir waren zwei Tage lang auf schlechten, holprigen Straßen unterwegs.
Nach 600 Kilometern und einer elfstündigen Autofahrt legten wir in
Ihosy einen Zwischenstopp ein und übernachteten im Bischofshaus,
während Bischof Jean-Guy noch in Antananarivo zu tun hatte.

Nach einem Zwischenstopp in Ihosy erreicht Pater Strappazzon mit seinen Freunden
aus Österreich diese Kreuzung: Von hier aus geht es noch 85 Kilometer weiter in den
Süden, bis nach Iakora.

Am nächsten Tag ging die Fahrt nach der heiligen Messe gleich weiter nach Iakora. Die über 124 Kilometer lange Staubpiste war voller
Schlaglöcher. Oft musste man über gefährliche Brücken fahren, die
kaputt waren, sodass wir sie zuerst mit Ästen und Baumstämmen
richten mussten. Das gleiche Problem hatten wir beim Überqueren von
kleineren Bächen. Wir konnten daher nur langsam vorwärts kommen.

So gegen vier Uhr Nachmittag begegneten wir einigen Menschen auf dem Weg. Pater Strappazzon hielt den Landrover an, und wir begrüßten sie. Da bemerkte ich plötzlich, dass einer unserer Koffer, die auf der offenen Ladefläche fixiert waren, fehlte. Es war gerade jener Koffer, in dem wir unsere wichtigen Dokumente eingepackt hatten.

„Wir fahren zurück", erklärte Pater Strappazzon entschieden, als er in unsere besorgten Gesichter blickte. Es schien uns unmöglich, dass wir den Koffer in diesem Gestrüpp entlang des Weges noch finden würden. Außerdem war das Wetter trüb und nebelig. Aber wie durch ein Wunder entdeckte ich nach ungefähr einer halben Stunde den Koffer, der nicht weit vom Weg im hohen Gras lag. Mir kam es vor, als wäre ein Schutzengel daneben gestanden, der auf unseren Koffer aufpasste. „*Deo gratias*" – Es war für uns wieder ein Zeichen, dass der Herr bei uns war und uns beschützte.

Enzo und Elisabeth unterwegs mit Pater Floriano Strappazzon: Der staubige Weg nach Iakora ist weit und voller Schlaglöcher.

Es war schon dunkel und kalt, als wir in Iakora endlich ankamen. Trotzdem waren einige Bewohner der kleinen Stadt da, die uns freundlich begrüßten. Claudine, die Köchin von Pater Strappazzon, hatte für uns schon Reis gekocht, und der Pater öffnete dazu noch eine Sardinendose. Als Nachtisch gab es Papaya. Pater Strappazzon wies uns einen Raum zu, in dem wir bis zur Fertigstellung der Ambulanz wohnen durften. Das Haus des Paters glich einem halbverfallenen, schmutzigen Mäuseloch. Unser Raum hatte kein Fenster, nur einen Tisch, ein paar Haken an der Wand, um die Kleider aufzuhängen, zwei Sessel und zum Schlafen zwei Eisenbetten mit Strohsäcken, in denen sich Mäuse eingenistet hatten. Wenn wir die Taschenlampe einschalteten, flitzten diese Mitbewohner überall herum und suchten ein Versteck. So waren die Nächte nicht sehr geruhsam. Aber nach der langen Reise waren uns die Mäuse egal. Wir waren erschöpft und dankbar, dass wir ein Bett hatten, in dem wir uns ausruhen konnten.

EIN SCHMUTZIGES SPITAL UND ZWEI VOLKSGERICHTE

Nach der heiligen Messe um sechs Uhr früh warteten bereits eine Menge Leute vor der Kapelle, um uns *„Arahabaina tonga soa"*, auf Deutsch übersetzt „herzlich willkommen", zu heißen. Erfreut schüttelten sie unsere Hände, und einer von ihnen sagte zu uns: „Wir hoffen, dass ihr lange bei uns in Iakora bleiben könnt." Dieser herzliche Empfang rührte uns, und wir fühlten uns hier gleich ganz wohl.

Nach einem Frühstück mit Kaffee, Brot und Bananen, führte uns Pater Strappazzon durch Iakora. So konnten wir erste Eindrücke von dieser Kleinstadt sammeln, die um die 1.200 Einwohner zählte und von der Außenwelt noch völlig abgeschnitten war.

Viele Bewohner, die in der kleinen Bezirksstadt Iakora wichtige Ämter bekleideten, gehörten zum Volksstamm der Betsileo. Einige waren Lehrer oder Gendarmen, andere arbeiteten als Krankenpfleger, Ärzte oder auch als Hebammen im staatlichen Spital von Iakora. Pater Strappazzon zeigte uns eine öffentliche Schule, in der es genug Platz für acht Klassen gab. Daneben stand ein Gemeindehaus, das zugleich auch der Polizeiposten des Ortes war, unweit davon eine katholische und eine evangelische Kirche und zwei kleine Kaufläden. Schließlich gingen wir noch zum öffentlichen Krankenhaus, das auf uns einen ziemlich primitiven und schmutzigen Eindruck machte. Hier arbeiten ein Arzt, eine Hebamme und zwei Pfleger. Es waren nur wenige Kranke zu sehen. Medikamente, so weit welche vorhanden waren, wurden an die Patienten verkauft, und das leider zu einem Wucherpreis. Das Gesundheitswesen von Madagaskar lag überhaupt ganz am Boden. Für die Behandlung von 10.000 Menschen gab es im Verhältnis dazu nur einen Arzt sowie zwei Krankenhausbetten. Nur wenige Privilegierte konnten sich eine Krankenversicherung leisten, und der Preis der Medikamente war für das einfache Volk unerschwinglich hoch. Dazu kam es fast jedes Jahr zum Ausbruch von Lepra-, Pest-, Cholera- oder auch TBC-Epidemien. Bis heute tritt die alte Plage der Pest mit bis zu 2.000 Erkrankten pro Jahr in Madagaskar weltweit am häufigsten auf.

Im Spital wurden wir dem Arzt und den Krankenpflegern vorgestellt. Sie waren durchaus freundlich zu uns. Als sie erfuhren, dass wir ein Mikroskop dabei hatten, erklärten sie uns, sie hätten im Spital keine Möglichkeit, eine mikroskopische Untersuchung durchzuführen. Also beschloss der Arzt, dass sie Patienten mit Verdacht auf Lepra in Zukunft zu Enzo schicken würden.

Auf dem Weg zurück in unser Quartier fragten uns schon mehrere Leute auf der Straße, wann sie zu uns zur Behandlung kommen könnten. Wir antworteten: „Am Nachmittag". Wir wollten nicht länger mit der Versorgung dieser armen Kranken warten nach all dem, was wir im öffentlichen Spital gesehen hatten.

Auf dem Dorfplatz vor dem Gemeindehaus sahen wir viele Männer auf dem Boden sitzen. Es waren die Verantwortlichen aus den Dörfern der Umgebung, die zum Volksgericht zusammengerufen wurden. Als wir zum Dorfplatz kamen, waren die Männer gerade dabei, über einen Fall zu verhandeln. Sie diskutierten heftig und lautstark miteinander, sodass auch die umstehenden Menschen und vor allem auch wir es mitbekamen. Da erklärte uns Pater Strappazzon, dass es zwei unterschiedliche Arten gibt, wie man in Madagaskar ein „Volksgericht" – auf Malagasy heißt es *Dina* – ausüben kann: Das eine heißt *Menavozo* und bedeutet: „Roter Hals, der mit dem Tod bestraft wird". Das andere, *Fandriampalemana* genannt, ist jenes Volksgericht, das durch Verhandlungen zum Recht kommen will.

IM LAND DER BARA

Die meisten Männer, die zum Volksgericht nach Iakora kamen, gehörten zum Volkstamm der Bara. Wir begegneten ihnen vor allem auf dem Land. Denn die ganze Gegend rund um Iakora bis Ihosy ist die Heimat dieses kleinen Volksstammes. Früher einmal zogen die Bara als Halbnomaden im Gebiet von Ihosy herum, weshalb sie noch heute mehr Rinder besitzen als die Betsileo. Sie sind stolz auf ihre großen Viehherden und leben vor allem von der Rinderzucht. Mit der Zeit wurden sie sesshaft und leben heute vor allem vom Reisanbau.

Die Betsileo, der zweitgrößte indigene Volksstamm Madagaskars, stammen hingegen ursprünglich aus dem zentralen Hochland rund um Fianarantsoa, etwa 200 Kilometer nördlich von Ihosy. Vor etwa hundert Jahren haben sie sich im Land der Bara angesiedelt. Da sie lange Zeit eine bessere Ausbildung erhalten haben als die Bara, konnten sie sich im Gebiet der Bara immer mehr ausbreiten und in den Städten wichtige Positionen einnehmen. Sie betrieben Handel, erwarben auch viele Reisfelder. Mittlerweile besitzen die Betsileo mehr Ackerland als die Bara, weshalb es in manchen Dörfern zu Streitereien kommt wegen der Bestellung der Äcker. Sie bauen Reis an und züchten Zebu-Rinder, Schweine und Hühner. Leider kommt es in der Regenzeit oft zu großen Überschwemmungen, sodass dann die Reisfelder zum Großteil zerstört werden und die Menschen keine Ernte haben.

Es passiert leider auch, dass bezahlte, bewaffnete Banden in die Dörfer eindringen und die Rinderherden stehlen, so dass die Menschen über Nacht um ihren ganzen Besitz kommen. Dabei kommt es oft zu Mord und Totschlag. Die bestohlenen Bauern haben jedoch immer wieder die Erfahrung gemacht, dass es nicht hilft, Anzeige zu erstatten, weil sie niemanden haben, der sie vor Gericht verteidigt. Ganz im Gegenteil: das Gericht würde von ihnen nur große Geldbeträge verlangen, die sie sowieso nicht bezahlen könnten. Deshalb finden sie sich mit ihrer Not ab und versuchen erst gar nicht, in einem Rechtsstreit Gerechtigkeit zu erlangen.

Die Menschen im Gebiet der Bara sind zum Großteil sehr arm. In der Abgeschiedenheit der Täler scheint die Zeit stehen geblieben zu sein. Es gibt keine Straßen, nur schlechte Staubpisten mit vielen Schlaglöchern, keinen Strom, kein Fließwasser.

Als wir 1994 nach Madagaskar kamen, waren in der abgelegenen Region von Ihosy noch 85 Prozent Analphabeten, und 80 Prozent waren Anhänger des Ahnenglaubens.

Heute bekennen sich rund 50 Prozent aller Madagassen zum Christentum, die Hälfte davon zum katholischen Glauben, während 40 Prozent dem Ahnenglauben anhängen und zehn Prozent Muslime sind. Die Verehrung der Ahnen spielt bis heute für alle Madagassen eine ganz besonders wichtige Rolle. Auch die Vorstellung, dass bestimmte Regeln der Ahnen, sogenannte *Fady*, festlegen, was man an bestimmten Orten zu bestimmten Zeiten besser lassen sollte, ist auch unter offiziell christlichen oder muslimischen Madagassen weit verbreitet.

Noch heute leben 93 Prozent aller Madagassen unter der Armutsgrenze. Hervorgerufen wird diese große Armut einerseits durch den Klimawandel, der die Insel mit ihrer wunderbaren Fauna und Flora immer mehr bedroht. Nach langen Zeiten der Dürre wird das Land oft von Überschwemmungen heimgesucht und Ernten werden zerstört, weil die trockene Erde die großen Wassermengen nicht mehr aufnehmen kann.

Ein zweiter Grund für die Armut in Madagaskar ist die weit verbreitete Korruption. So ist es leider schon oft vorgekommen, dass korrupte Politiker wertvolles Ackerland den Einheimischen weggenommen haben, um es samt den Bodenschätzen an Staaten wie China, Saudi Arabien, Südkorea und zuletzt auch noch an die Türkei zu verkaufen. Die einheimischen Bauern verlieren dadurch ihre Existenzgrundlage und landen somit als Bettler in den Slums.

Eine Familie aus dem Stamm der Bara versammelt sich zur Erdnussernte.

VERSORGUNG DER KRANKEN
IN EINEM NOTQUARTIER

Zurück in unserem Haus zeigte uns Pater Strappazzon einen größeren Raum, ausgestattet mit einem Tisch und einer Bank, den wir benutzen durften, um die Kranken zu versorgen. Auf dem Boden lagen die Medikamentenschachteln von Medeor, die wir in Wien schon für Iakora bestellt und bezahlt hatten. Gott sei Dank waren diese gut angekommen, wenn auch geöffnet. Es fehlten einige Tabletten. Wir gingen der Sache lieber nicht nach, denn wir wussten, dass Pater Strappazzon in seiner großzügigen Art schon angefangen hatte, Medikamente zu verteilen.

So kamen nach dem Mittagessen gleich die ersten Kranken zu uns. Zuerst kam ein Leprakranker. Seine Fußsohlen hatten schon ein nekrotisches Loch bis zum Knochen. Es war kein Verbandstisch da. Also legte ihn Enzo auf einen Bretterstapel im Hof und verband dort die Füße des Mannes. Der Hof war auch unser Verbandsplatz für mehrere Monate, bis dann endlich die Ambulanz bezugsfähig war.

Der erste Verbandsplatz: Enzo verarztet einen Leprakranken auf einem Bretterstapel im Hof des provisorischen Notquartiers.

Die Menschen litten mehr oder weniger an den gleichen Krankheiten wie in Davougon: Malaria, Bilharziose, diverse Darminfektionen mit schweren Blutungen, Lungeninfekte, Durchfälle, Sichelzellanämien und auch verschiedene Hautkrankheiten. Es gab viele vernachlässigte und unterernährte Kinder, die alle Arten von Parasitenkrankheiten, vor allem Würmer, hatten. Und natürlich hatten wir auch viele Leprakranke.

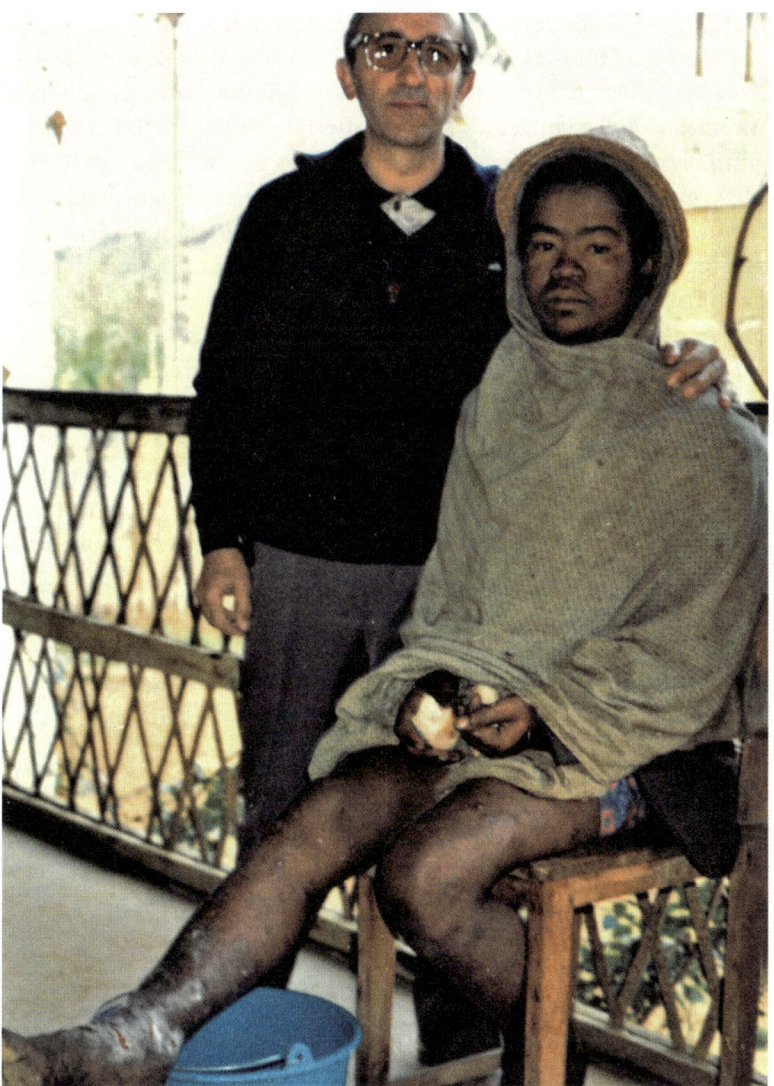

Solo legt 60 Kilometer zu Fuß bis nach Iakora zurück, um seinen eitrigen Fuß von Enzo behandeln zu lassen.

Es sprach sich schnell herum, dass es nun in Iakora zwei neue Missionare gab, die sich der Kranken annahmen. Also kamen immer mehr leidende Menschen in unser Notquartier, obwohl das Spital nur einen Kilometer von uns entfernt war. Im Durchschnitt waren es um die 50, aber dann auch bis zu 70 Kranke am Tag. Viele kamen von weit her. Sie waren oft drei Tage zu Fuß unterwegs. Kranke mit nekrotischen Wunden oder auch Schwerkranke, die nicht mehr gehen konnten, wurden von Angehörigen in ein Tuch gebunden und auf einer Stange getragen. Mehrere starke Männer begleiteten den Transport und wechselten sich beim Tragen des Kranken auf dem langen Weg ab. War es sehr dringend, gingen sie auch die ganze Nacht durch und klopften dann früh morgens oder noch mitten in der Nacht bei uns an. Oft war der Weg sehr mühsam und anstrengend. Es ging über Berge, dann wieder durch eine Schlucht, auch Wildbäche mussten sie überqueren. Allmählich konnten wir uns mit den Menschen schon ganz gut auf Malagasy unterhalten und machten Fortschritte im Erlernen ihrer Sprache. Neben Malagasy ist Französisch seit der Kolonialzeit immer noch die zweite offizielle Amtssprache von Madagaskar. Aber das half uns nicht wirklich weiter, weil in den abgeschiedenen Bergregionen, wo wir tätig waren, kein Mensch Französisch spricht. Auch sonst spricht heute die Mehrheit aller Madagassen Malagasy. Uns faszinierte auch zu sehen, wie durch diese gemeinsame Sprache das Land mit seinen fast 27 Millionen Einwohnern trotz der 18 offiziellen Ethnien und der vielen Dialekte geeint ist. Später konnten wir fließend Malagasy und lernten sogar noch den Dialekt der Bara, in deren Heimatregion wir uns am längsten und auch am liebsten aufhielten.

DIE NEUE KLEINE AMBULANZ

Gott sei Dank war Anfang Dezember 1994 unsere bescheidene Ambulanz so weit fertig, sodass wir die Kranken endlich dort versorgen konnten. Die Einrichtung war äußerst einfach: ein längerer Tisch, zu beiden Seiten eine Bank, wo sich die Kranken niedersetzen konnten. An beiden Enden des Tisches ein Sessel für Enzo und für mich, um die Konsultationen zu machen. An der Wand einige Bretter als Etagen, wo wir die Medikamente hinstellen konnten. Auf der Westseite des Raumes stand eine Holzliege, auf die wir die Kranken legten, um den Verband zu wechseln. Dann war dort noch ein Stockerl mit einer Schüssel und zwei Kübel, einer mit reinem Wasser, der zweite für das schmutzige. In einem kleineren Raum daneben stand das Mikroskop für die notwendigsten Untersuchungen. Dieser Raum war zugleich auch unser Medikamentendepot. Auch wenn das Ganze noch so ärmlich und es für europäische Vorstellungen unmöglich war, dort zu arbeiten: Wir waren schon sehr glücklich, in einem eigenen Haus die Kranken behandeln zu können. Da nun auch das Geld vom österreichischen Missionswerk der Kamillianer bei Pater Strappazzon eingelangt war, erlaubte er uns, neben dem Haus noch eine kleine überdeckte Veranda zu errichten, die zur Hälfte aus Lehmziegeln bestand. Und etwas später konnten wir daneben sogar noch eine Hütte, sechs mal drei Meter, bauen, wo wir die Leprakranken unterbringen konnten, bis die Wunden verheilt und ihre Füße wieder so weit in Ordnung waren, um den weiten Weg nach Hause gehen zu können. Schließlich wurde noch ein anderer Raum für die Schwerkranken errichtet.

So ging es Tag für Tag dahin: Unser Tag begann um sechs Uhr früh mit der heiligen Messe in der Pfarrkirche. Enzo wurde vom Bischof beauftragt, einen Wortgottesdienst zu halten an den Tagen, an denen Pater Strappazzon verhindert war. Danach gab es Frühstück mit Kaffee, Reis, Bananen, und wenn es hoch herging sogar mit Brot. Dann ging es zu den Kranken, die schon zahlreich vor der Ambulanz auf uns warteten. Wir starteten mit einem kurzen Gebet, anschließend erklärte Enzo den Patienten, wie sie besser auf ihre Hygiene achten können. Freilich war dieser „Unterricht" an die Lebensverhältnisse der Menschen dieser armen Gegend angepasst. Danach begannen wir mit der Behandlung der Kranken.

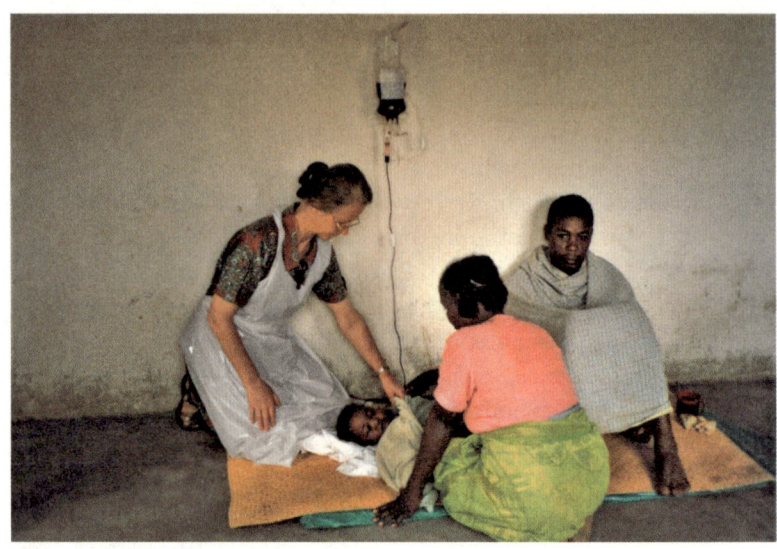

Ein Raum für die Schwerkranken in der kleinen Ambulanz: Elisabeth behandelt dort ein Kind, das an Drepanozytose leidet und dringend eine Blutkonserve benötigt.

Bald hatten wir einen jungen, verlässlichen Mann gefunden namens Simon, der uns half, die Medikamente auszuteilen und einfache Verbände anzulegen. Am Abend, wenn es die Leprakranken mit den Begleitpersonen wollten, wurde der Tag beendet mit einer kurzen Katechese und mit Gebet.

Auch wenn viele der Kranken, um die wir uns kümmerten, nicht Christen waren, so waren sie meistens doch dankbar, wenn wir mit ihnen ein Gebet sprachen. Auf dem Land vertrauen aber auch weiterhin viele Madagassen den Heilern und Medizinmännern, sogenannte *Ombiasy*, die ihnen mit ihrer Naturmedizin Heilung versprechen.

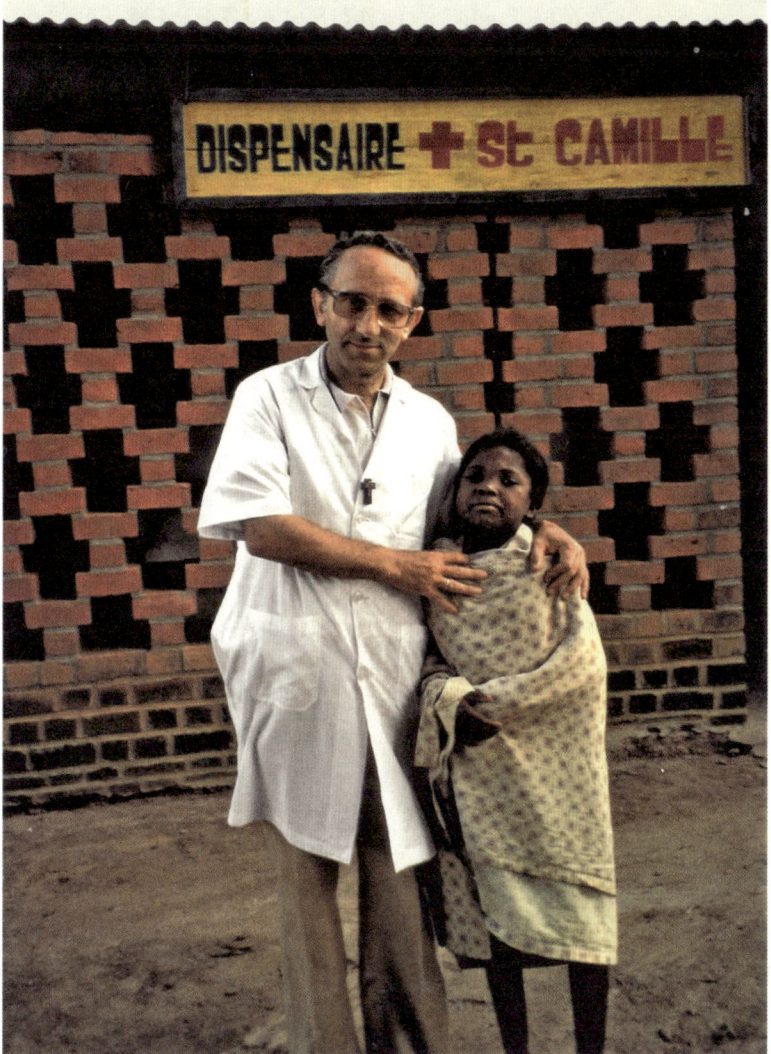

Erschöpft von dem weiten Weg: Nach einem Drei-Tages-Marsch erreicht Siza, die jüngste Leprakranke, mit ihrem Vater endlich die kleine Ambulanz in Iakora und begrüßt freudig den Krankenpfleger Enzo Caruso.

MARIEL, DIE HAUSHÄLTERIN

Im Dezember 1994 stellte sich eine jüngere Frau namens Mariel bei Pater Strappazzon vor. Sie stammte aus dem Norden Madagaskars und war zuvor eine Zeitlang Postulantin bei den Barmherzigen Schwestern in Ranotsara. Pater Strappazzon stellte sie als Haushälterin und Sakristanin in Iakora an.

Er hielt große Stücke auf sie und schenkte ihr volles Vertrauen, was er auch überall und einen jeden wissen ließ. Kam jemand zum Pater, um mit ihm zu reden, war dies nur mehr im Beisein von Mariel möglich. Nun zählte nur mehr das, was Mariel sagte und tat. Das wurde von ihr leider sehr ausgenützt. Zum Beispiel verdächtigte sie öfters einige Leute, im Haus von Pater Strappazzon gestohlen zu haben. Es kam sogar zu Hausdurchsuchungen durch Gendarmen. Einige Frauen kamen weinend zu uns und baten uns, sie zu verteidigen. Schließlich wurde bei den Leuten ohnehin nichts gefunden. Dann gingen die Gendarmen in das Zimmer von Mariel und fanden dort die Sachen versteckt. Pater Strappazzon ließ sofort die Untersuchung durch die Gendarme einstellen. Er hielt weiterhin eisern zu Mariel.

Sie versuchte auch uns zu verleumden und sagte, dass wir Lügen über sie und Pater Strappazzon verbreiten würden. Die Leute hatten immer mehr Angst vor ihr. Sie waren überzeugt, dass sie *Ody gasy*, das heißt Hexenmagie besaß und dadurch den Pater in ihrer Gewalt hatte. Kurzum, es war ein sehr ungutes Klima in der Pfarre. Das Vertrauen zum Pater schwand immer mehr. Diese *Ody gasy* war nämlich gar nicht so ungefährlich. Im Laufe der Jahre haben wir die Erfahrung gemacht, dass Menschen unter dem Einfluss dieser Naturmedizin, verbunden mit der schwarzen Magie der Hexerei, plötzlich psychisch sehr verändert waren.

EIN BESONDERES WEIHNACHTSGESCHENK

Durch die Kranken aus den umliegenden Dörfern war der Kontakt zur lokalen Bevölkerung bald hergestellt. Wir wurden immer wieder von den Leuten eingeladen, sie zu besuchen. Eines der Dörfer war Ifasy, das ungefähr acht Kilometer südöstlich von Iakora in den Bergen liegt. Nur zu Fuß konnte man die Ortschaft erreichen. Einige aus dem Dorf wollten Christen werden, und so baten sie uns, sie über Christus und die katholische Kirche zu unterrichten. Es war ein kleines Dorf von etwa zehn Lehmhütten mit Strohdach und ungefähr 50 Bewohnern. Ihr Reichtum waren die Rinder und die Reisfelder. Wir haben uns in dem Dorf bei den fleißigen, ehrlichen Leuten bald wie zu Hause gefühlt. Sie waren vom Stamm der Bara.

Jeden zweiten Samstag um die Mittagszeit gingen wir dorthin, begleitet von Pierre, einem jungen Lehrer aus Iakora. Enzo hielt seinen Katechese-Unterricht, Pierre versuchte, den Bewohnern ein wenig Lesen und Schreiben beizubringen, und dann ging es wieder schnell zurück. Wir wollten noch vor Einbruch der Dunkelheit um sechs Uhr abends wieder Iakora erreichen.

Einmal wurde es aber zu spät. Es war am Heiligen Abend im Jahr 1994. Wir hielten mit den Bewohnern einen kleinen Wortgottesdienst. Pierre hatte schon zuvor ein paar Weihnachtslieder eingelernt. Enzo und ich hatten eine Krippe gebastelt, und Enzo erklärte dann anhand dieser Krippe den Leuten vom Dorf das Weihnachtsgeheimnis. Die Krippe wurde von allen bewundert, vor allem von den Kindern, die andächtig das Evangelium anhörten. Zum Schluss teilten wir ein paar Süßigkeiten aus. Die braven Bewohner wollten uns ein Geschenk machen, und so gaben sie uns einen großen Hahn. Auf dem Heimweg begann es zu regnen, und spät war es auch schon. Pierre nahm den Hahn und ging voraus. Als wir dann einen Bach durchwaten mussten, wurde der Hahn unruhig und flatterte mit den gebundenen Füßen ins Wasser. Blitzschnell verfolgte Pierre den Hahn im Wasser und konnte ihn gerade noch retten.

Natürlich gehörte das Tier nun dem Lehrer und seiner Familie. Wir waren schon in der Nähe von Iakora, da kam uns Pater Strappazzon entgegen. Er befürchtete, dass uns etwas passiert war, denn es regnete in Strömen. Wir erzählten ihm die Geschichte vom Hahn und dass wir mit den Leuten von Ifasy gemeinsam Weihnachten gefeiert hatten. Die Bewohner von Iakora warteten bereits in der übervollen Kirche auf uns. Wir waren glücklich, dass wir gerade noch rechtzeitig für die Christmette aus Ifasy zurückgekommen waren, um auch in Iakora die Frohbotschaft der Geburt Christi zu verkünden.

Ein zweites Dorf, wo wir gerne hingingen, war Manambodala. Es war zehn Kilometer südwestlich von Iakora. Mehrere Menschen mit Lepraflecken kamen von dort. Jeden zweiten Sonntag, nach der heiligen Messe, besuchten wir das Dorf und entdeckten auch noch andere Leprakranke dort. Die Menschen freuten sich besonders darüber, dass wir mit ihnen auch beteten und gemeinsam Lieder sangen. Dabei hielt Enzo gerne auch für die Erwachsenen eine Katechese, während ich mich meist um die religiöse Bildung der jungen Mädchen kümmerte.

DIAHO, EINE AUSSERGEWÖHNLICHE FRAU

Diaho war Hebamme, so um die 50 Jahre alt und in der ganzen Gegend bekannt. Obwohl sie nie in eine Schule gegangen war, hatte sie sich viel Wissen und Erfahrung angeeignet und scheute keine Mühe, den Frauen während ihrer Schwangerschaft und bei der Geburt zu helfen. So hatte sie auch den Respekt und das Vertrauen der Bewohner gewonnen. Ihr Wort hatte Gewicht, eine außergewöhnliche Frau.

Eines Tages äußerte sie den Wunsch, so bald wie möglich die Taufe zu empfangen. Also hielt Enzo eine Katechese für sie, und sie bereitete sich voll Eifer auf die Taufe vor. Am Pfingstsonntag wurde sie auf den Namen Maria getauft. Mich bat sie, ihre Taufpatin zu sein, was mich sehr freute. So wurde die Tauffeier, die Pater Strappazzon in der Kirche von Iakora leitete, für alle zu einem ganz besonderen Ereignis, vor allem natürlich für Diaho und auch für Enzo und mich.

VON DEN KROKODILEN VERSCHMÄHT

Mitte Jänner 1995 kam Pater Strappazzon zu uns und erklärte, dass uns Bischof Jean-Guy zur nächsten Diözesanversammlung in Ihosy einladen möchte, bei der über das Gesundheits- und Sozialwesen gesprochen werde. Die Diözesanversammlung fand Ende Jänner während der Regenzeit statt. Da wir in Ihosy noch so manch Notwendiges einkaufen wollten und wegen der Verlängerung unserer beiden Visa zum Bezirksamt mussten, sagten wir zu und nahmen das Geld und die Pässe mit.

Wegen der starken Regengüsse in der Nacht war der Weg bereits stark überflutet, und der Fluss Inaivo trat weit über das Ufer. So nahm Pater Strappazzon das Motorboot, und wir fuhren flussabwärts. Auch etliche Männer aus dem Dorf kamen zur Sicherheit mit. Bis nach Ranotsara waren es um die 60 Kilometer. Danach sollte es mit dem Auto weitergehen. Die Strömung des Flusses war ziemlich stark. Das Hochwasser hatte auch entwurzelte Bäume mitgerissen. Plötzlich ging das Benzin unseres Motorboots aus. Einer der Männer nahm die Ruder zur Hand und steuerte auf das Ufer zu. Die Äste der starken Bäume am Ufer reichten bis in den Fluss hinein. Der brave Mann hatte Angst. Er fasste nach einem Ast, das Boot kippte um, und wir landeten alle im reißenden Fluss. Das gekippte Boot wurde in den Fluten weggeschwemmt, und alle unsere Gepäckstücke waren weg. Mit der einen Hand konnte ich gerade noch einen Ast erreichen, um die zweite Hand waren die Bänder meiner Tasche gewickelt, in der unsere Bücher und andere schwere Sachen waren. Deshalb zog sie mich immer mehr nach unten. Enzo sah mich in Panik und um Hilfe rufend. Zurückschwimmen war wegen der starken Strömung unmöglich. So schwamm er ans Ufer, lief flussaufwärts, warf sich über mir ins Wasser und konnte noch im letzten Moment meinen Kopf nach oben halten. Mit viel Mühe schafften wir es, aus dem Wasser zu steigen und zitterten am ganzen Leib.

Sandalen, Brillen und unser Gepäck waren verloren. Wir waren natürlich verzweifelt, dass nun unser Geld und vor allem auch die

Dokumente für das Bezirksamt fehlten. Es hatte aufgehört zu regnen, und plötzlich war es wieder sehr heiß. Auf einem steinigen Weg gingen wir in ein kleines Dorf in der Nähe. Unsere Fußsohlen brannten vor Hitze. Die Bewohner des Dorfes kamen uns entgegen, sie warfen sich vor uns nieder und sagten immer wieder „Ihr seid kleine Götter!" Wir haben diese Aufregung nicht verstanden. Da erklärten sie uns, dass gerade an dieser Stelle noch nie jemand lebendig aus dem Fluss herausgekommen sei, denn gerade hier bekommen die Krokodile ihre Jungen und sind deshalb sehr aggressiv. Nun waren wir doch etwas verwundert, dass wir in dem reißenden Fluss keinem Krokodil begegnet waren. Wir dankten den braven Leuten, die uns mit Reis stärkten und uns sogar ihre Sandalen liehen. Vor allem konnten wir nicht genug staunen und Gott danken, dass Er uns so wundervoll beschützt hatte.

Pater Strappazzon war auf einmal verschwunden. Er sagte zu einem unserer Mitreisenden noch, er gehe voraus nach Ranotsara, was noch etwa zehn Kilometer weit weg war und komme dann mit Pater Elli zurück. In der Zwischenzeit sollen wir zum nächsten Dorf Beadabo gehen. Dort sei ein Mann mit einem Boot. Der soll mit uns zum anderen Ufer übersetzen. Dort würden wir dann abgeholt werden. So war es dann auch. Zwei junge Männer aus dem Dorf begleiteten uns. Wir bedankten uns und gaben die Sandalen zurück. Schließlich, nach langem Warten, hörten wir den Motor eines Autos. Pater Luigi Elli, ein italienischer Lazarist, der seit vielen Jahren in Ranotsara eine Mission leitete, kam, um uns zu holen. Wir waren erleichtert.

In Ranotsara waren die Barmherzigen Schwestern sehr zuvorkommend. Sie gaben uns frische Kleidungsstücke, die sie aus Europa bekommen hatten. Sie waren eigentlich für die armen Leute bestimmt. Natürlich passte uns nichts. Wir kamen uns vor wie Sandler. Aber es war uns auch egal. Wir waren überglücklich und dankbar, dass wir von einem Engel gerettet wurden und somit noch beisammen sein konnten. Wir fühlten uns reich beschenkt, weil wir wieder den Schutz Gottes so deutlich spüren durften. So klangen in uns die Worte Jesu noch lange nach: „Fürchtet euch nicht, ich bin bei Euch!"

DIÖZESANVERSAMMLUNG IN IHOSY

Am nächsten Tag fuhren wir mit Pater Elli nach Ihosy zur Diözesanversammlung. Als Bischof Jean-Guy von unserem Abenteuer erfuhr, sagte er erleichtert: „Nun, da sieht man, dass Euch der Herrgott für die Kranken in Madagaskar noch braucht". Ein anderer Pater meinte schmunzelnd: „Die Krokodile sind feinere Speisen gewöhnt, vielleicht ward ihr ihnen zu mager!"

Die Vorträge von Bischof Jean-Guy waren sehr interessant und aufbauend, sowie auch die Vorträge von Bischof Zevaco von Fort-Dauphin, der selber Arzt war und sich vor seiner Bischofsweihe den Leprakranken in Ambadoabo hingebungsvoll gewidmet hatte. Besonders eine Aussage von Bischof Zevaco prägte sich uns ein: „Ihr seid die Hostie, durch die sich der Herr den Menschen schenkt." Dies war unser Auftrag in Madagaskar. Die Worte der beiden Bischöfe gaben uns Halt und Richtung.

Bei der Diözesanversammlung konnten wir uns auch mit Priestern und Schwestern, die in anderen Ambulanzen tätig waren, austauschen. Pater Strappazzon war die ganze Zeit sehr schlecht gelaunt. Wahrscheinlich ärgerte er sich, dass sein Boot verloren gegangen war. Schließlich verschwand er und ließ uns ausrichten, wir sollten in Ihosy warten, bis er wiederkommt. Wir wussten, dass dies länger dauern würde.

So blieben wir fünf Tage in Ihosy. Gott sei Dank war Pater Visca, der Ökonom der Diözese, so nett und borgte uns Geld, damit wir wenigstens das Nötigste in einem chinesischen Geschäft einkaufen konnten. Auch hatten wir nun Zeit, Briefe nach Hause zu schreiben. Wir hatten noch vor Weihnachten in den Nächten bei Petroleumlicht viele Briefe geschrieben und sie Pater Strappazzon anvertraut, der sie bei der Post in Ihosy aufgeben wollte. Aber leider verlor er sie auf dem Weg. Na ja, wir waren halt weit weg in einem abgelegenen Buschdorf in Madagaskar.

Auch nützten wir die Zeit des Wartens aus, um mit dem Chefarzt des Spitals Kontakt aufzunehmen. Er war zugleich medizinischer

Direktor für die ganze Gegend. Er war sehr freundlich und begrüßte unsere Tätigkeit in Iakora.

Auf der Rückreise nach Iakora legten wir noch einen kurzen Zwischenstopp in Ranotsara ein und besuchten Schwester Renate Vujic, die Oberin der Barmherzigen Schwestern. Schwester Renate stammte aus Graz und war schon seit einigen Jahren als Missionarin in Madagaskar tätig, zuerst in einer Leprastation in Farafangana. Jetzt sorgte sie sich in Ranotsara vor allem um die allgemeine Ambulanz. Wir freuten uns jedes Mal, wenn wir ihr begegneten. Sie meinte, Iakora mit Pater Strappazzon sei eine schwierige Sache. Keiner seiner Mitbrüder habe es dort lange mit ihm ausgehalten. Nun ja, wir waren ja vor allem für die Kranken dort im Einsatz. Außerdem hatten wir bereits zur ganzen Gemeinde herzliche Beziehungen geknüpft.

DIE LEPRA MACHT AUCH VOR ENZO NICHT HALT

Es war im Sommer 1995, da entdeckte ich auf dem Rücken von Enzo einen verdächtigen Fleck. Er war gefühllos und abgegrenzt. Außerdem hatte er seit einiger Zeit eine schmerzende Nervenentzündung am rechten Fuß. Also war es für uns ziemlich klar, dass es sich um Lepra handelte. Ich war natürlich etwas bestürzt und besorgt, während Enzo recht gelassen blieb. Also nützten wir die Gelegenheit, mit Pater Strappazzon gleich nach Fianarantsoa ins Spital zu fahren, wo sich Enzo vom Chefarzt untersuchen ließ. Der Arzt bestätigte die Diagnose Lepra, und Enzo musste ein halbes Jahr spezielle Antibiotika nehmen. So konnten wir den Kampf gegen den Bazillus noch rechtzeitig ohne größere Schäden gewinnen. Die Nervenentzündung an den Hand- und Fußgelenken, eine Auswirkung der Lepra, blieben ihm allerdings noch lange erhalten.

Nachdem der Leprabazillus 14 Tage nach der ersten Einnahme des Antibiotikums abgetötet war, bestand auch keine Ansteckungsgefahr mehr. Enzo arbeitete ununterbrochen bei den Kranken weiter, obwohl er wegen der Nervenentzündung eine Zeitlang auch Cortison nehmen musste.

Die Lepra macht auch vor Enzo nicht halt. Obwohl er sich eines Tages mit dem gefährlichen Bazillus ansteckt, arbeitet Enzo Tag und Nacht in der Ambulanz weiter. Nachdem er Siza, eine junge, von Lepra gezeichnete Frau, verarztet hat, meint er zu Elisabeth: „Wie Franz von Assisi habe auch ich mich mit der Armut und der Lepra vermählt."

BISCHOFSBESUCH 1995

Im Herbst 1995 kam Bischof Jean-Guy Rakodondravahatra zur Visitation nach Iakora. Die Bevölkerung freute sich über den hohen Besuch und bereitete dem Bischof einen herzlichen Empfang. Natürlich zeigte sich auch Pater Strappazzon von der besten Seite. Nach der heiligen Messe hielt er und auch andere Männer aus der Pfarre lange Ansprachen. Es gab auch viel Lob für unsere Arbeit, und die Leute erklärten dem Bischof, dass sie für unsere Anwesenheit in Iakora sehr dankbar waren.

Nach dem Mittagessen besuchte der Bischof die Ambulanz, sowie unsere zwei Wohnräume, die einen Stock über der Ambulanz im selben Haus waren. Er schenkte uns viel Zeit und erkundigte sich über die allgemeine Situation im Dorf. Wir hatten den Eindruck, dass irgendjemand ihn schon über die ungute Stimmung unterrichtet hatte. Wir schilderten ihm nüchtern die Geschichte mit Mariel und drückten unser Bedauern aus, dass diese Person solch einen starken Einfluss auf den Pater ausübte und damit im ganzen Ort Unfrieden stiftete. Auch wir hatten irgendwie Angst, dass sie mit ihren Verleumdungen unserer Arbeit und unserer Präsenz in Iakora schaden könnte. Andererseits dachten wir an die unendlich weiten Gebiete in der Diözese, in denen überhaupt keine medizinische Versorgung vorhanden ist. Wir erklärten dem Bischof, dass anderswo unsere Arbeit noch notwendiger wäre als hier in Iakora, wo es ohnehin schon ein Krankenhaus gebe.

Der Bischof dachte einige Zeit darüber nach und sagte dann: „Ich denke an ein Dorf, in etwa 130 Kilometer nordöstlich von Iakora, es heißt Isifotra. Von dort kommen immer wieder die Menschen zu mir und bitten mich, ich möge ihnen jemanden schicken, der sie medizinisch versorgt. Sie wünschen sich auch eine Schule und wollen auch mehr über den christlichen Glauben erfahren. Bisher kommt nur einmal im Monat ein Priester vorbei, um mit ihnen die heilige Messe zu feiern, sonst haben sie niemanden. Ich werde mir alles genau überlegen. Nur habe ich keine finanzielle Möglichkeit, um euch zu helfen, dort etwas aufzubauen." Der Bischof wurde nachdenklich und erklärte uns, dass es noch ein weiteres Hindernis gebe: „Außerdem müsst ihr, um nach Isifotra zu gelangen, zwei große Flüsse überqueren. Der eine hat eine Brücke. Der andere, Menaraka, ist sehr breit. Der Staat ist gerade dabei, dort eine große Brücke zu bauen, nur geht es sehr langsam vorwärts."

Jean-Guy Rakodondravahatra, der erste einheimische Bischof von Madagaskar, kommt 1995 zu Besuch nach Iakora.

Auch wir überlegten kurz, was wir von dieser Idee halten sollten. „Wir haben in Wien noch einen kleinen finanziellen Polster," beruhigten wir den Bischof. „Bescheiden zu leben und zu arbeiten haben wir inzwischen auch gelernt. Das wäre also kein Problem für uns. Aber was wäre, wenn wir, nachdem wir alles aufgebaut haben, aus Gesundheitsgründen nach zwei bis drei Jahren auf einmal nicht mehr weiter arbeiten können?" Da schaute uns der Bischof mit einem sicheren, ruhigen Lächeln an und sagte mit fester Stimme: „Dann habt ihr in dieser Zeit im Namen Jesu vielen Menschen geholfen und ihnen die Frohbotschaft verkündet. Das ist schon sehr viel. Es ist an IHM, dann weiter zu sorgen! Habt keine Angst!" Nach diesen Worten kamen tiefer Friede und innere Kraft über uns. Er gab uns dann noch seinen Segen für die neue Mission. Die nächsten Monate verbrachten wir noch mit so manchen Schwierigkeiten, aber auch mit vielen Freuden und mit der Vorfreude auf die neue Herausforderung, die uns bevorstand.

HERBERGSUCHE IN IAKORA

Wieder stand Weihnachten vor der Tür. Wir hatten unserer Pfarre in Iakora vorgeschlagen, während der Adventszeit mit Jugendlichen eine Herbergsuche zu veranstalten. Natürlich hatten wir mit Pater Strappazzon vorher darüber gesprochen. Er gab uns sein Einverständnis dazu, und war auch selbst manchmal bei der Herbergsuche mit dabei. Die Leute waren begeistert. Jeden Abend wurden es immer mehr Jugendliche, die uns mit Trommeln, singend und betend zu den einzelnen Häusern in Iakora begleiteten, wo wir den Familien ein gesegnetes Weihnachtsfest wünschten und sie für das Weihnachtsfest in die Kirche einluden. So mancher Streit im Dorf konnte auf diese Weise geschlichtet werden.

Zu Weihnachten war die Kirche schon fast zu klein. So groß war auf einmal das Interesse an der Christmette. Pater Strappazzon wunderte sich über den großen Erfolg der Herbergsuche und berichtete später sogar dem Bischof darüber.

Die Pfarrkirche von Iakora wird von Pater Strappazzon mit einfachen Mitteln renoviert.

SAMBO, EIN DANKBARER AUSSÄTZIGER

So kam eines Tages zum Beispiel Sambo, ein Leprakranker, mit seinem zwölfjährigen Sohn zu uns. Sie stammten aus Begogo, einem Ort aus dem Süden, und waren drei Tage zu Fuß unterwegs. Sie marschierten 80 Kilometer über zwei Bergketten bis nach Iakora. In unserer kleinen Ambulanz konnte der Leprakranke endlich behandelt werden. Enzo verband ihm täglich die wunden Füße, und so blieben sie einige Wochen bei uns.

Dankbar gingen die beiden nach etlichen Wochen wieder zurück nach Begogo. Aber siehe da, nach einiger Zeit kamen sie wieder zurück. Wir dachten, dass sie wieder eine Behandlung für irgendeine Krankheit brauchten. So warteten sie wie alle anderen draußen vor der Ambulanz. Als sie an der Reihe waren, zog der Mann unter seinem Umhang einen kleinen Korb hervor, darin war ein schöner Hahn. Er sagte zu Enzo, dass er so traurig war, als er wieder gesund nach Hause ging, weil er nichts hatte, um sich bei uns zu bedanken. Aber jetzt habe er sich gerne noch einmal auf den Weg gemacht, um uns diesen Hahn zu bringen. Enzo musste mit den Tränen kämpfen. So eine Geste der Dankbarkeit hat uns beide tief gerührt. Mit diesen und ähnlichen Erlebnissen wurden wir immer wieder reichlich belohnt für all unsere Mühe.

Die Zeit verging schnell, und in den zwei Jahren in Iakora konnten wir insgesamt 403 Leprakranke behandeln. Die Zahl der medizinischen Beratungen überschritt sogar 30.000 Patienten. Wir mussten jeden Monat im Spital einen Bericht über unsere Arbeit abgeben. Dort mangelte es oft an den notwendigen Medikamenten. Deshalb schickten die Ärzte die Kranken mit einer Verordnung oft zu uns. Das bedeutete, dass die Medikamente auch bei uns manchmal knapp wurden. Außerdem waren die Pakete mit den Medikamenten aus Österreich meist monatelang auf dem Weg und lagen lange Zeit am Zoll herum. Ein Glück war es, wenn sie überhaupt noch durchgelassen wurden und nicht einfach verschwanden, wie es bei den Barmherzigen Schwestern in Ranotsara einmal passiert ist.

Zum Dank für die erfolgreiche Behandlung überreichen Sambo und sein zwölfjähriger Sohn Enzo ein Geschenk: einen lebendigen Hahn im Korb.

BESUCH VON PATER GREGOTSCH

Eine große Freude für uns war es auch, dass Pater Gregotsch aus Wien im Jänner 1996 nach Iakora zu uns auf Besuch kam. Er kam gemeinsam mit Pater Zbyszek aus Fianarantsoa. Sie waren beide tief beeindruckt von den Menschen vor Ort und von unserer Arbeit in der Ambulanz mit den Kranken. Pater Gregotsch war auch froh zu sehen, dass die Spenden aus Österreich schon viel Positives bewirkt hatten. Dank der Großzügigkeit unserer Freunde in den Pfarren Altmannsdorf und aus meiner Heimatpfarre Bramberg in Salzburg hatten wir wieder Kleider und Sandalen für die Kranken bekommen und konnten nun auch Milchpulver an die unterernährten Kinder verteilen.

Nach einem längeren Gespräch, bei dem wir Pater Gregotsch auch unsere Sorgen anvertrauten, beschloss er gemeinsam mit Pater Zbyszek, die Kamillianer in Fianarantsoa sollten einen madagassischen Arzt für Iakora suchen, damit wir nach zwei intensiven Jahren nach Wien zurückkehren könnten, um dort einen Urlaub zu verbringen, den wir dringend nötig hatten. Pater Strappazzon war alles andere als einverstanden mit diesem Vorschlag. Er war wütend und wollte uns nicht gehen lassen.

Im Jänner 1996 erhalten Enzo und Elisabeth Caruso einen wichtigen Besuch aus Wien: Pater Gregotsch, der Leiter des kamillianischen Missionswerkes, kommt nach Iakora. Er hat den Einsatz der beiden Laienmissionare in Benin und Madagaskar von Anfang an unterstützt.

ABSCHIED VON IAKORA

Als dann im Juli 1996 die Zeit des Abschieds kam, versammelten sich unzählige Leute, auch aus den umliegenden Dörfern, in Iakora, um sich bei uns zu bedanken. Oft baten sie uns weinend und inständig, bald wieder zu kommen. Unser fester Entschluss, nach dem Urlaub wieder nach Madagaskar zurückzukehren, um dem Herrn dort weiterhin in den Ärmsten der Armen zu dienen, vor allem dort, wo es überhaupt keine medizinische Versorgung gibt, erleichterte uns das Weggehen ein wenig. Nach zwei Jahren in Iakora beherrschten wir den Dialekt der Bara bereits sehr gut und fühlten uns mit diesem Volk daher noch inniger verbunden.

Viele Menschen aus der Pfarrgemeinde von Iakora kommen gerne zu Enzo und Elisabeth auf Besuch. Die Laienmissionare aus Österreich sind gut in die Pfarre und das Dorfleben integriert.

Nach der letzten Sonntagsmesse bekamen wir als Abschiedsgeschenk von Pater Strappazzon und den Einheimischen ein Kunstwerk aus Holz. Ein Mann aus Iakora hatte es geschnitzt. Es stellt den barmherzigen Samariter dar, der die Wunden eines Aussätzigen verbindet. Daneben steht ein Esel. Dieses demütige Tier, das im biblischen Gleichnis den verwundeten Mann zur nächsten Herberge trägt, verweist uns noch immer auf unseren missionarischen Auftrag. Es erinnert uns bis heute an unsere wunderbare Zeit in Madagaskar und hat uns seither überallhin begleitet.

Zum Abschied schenken die Dorfbewohner dem Ehepaar Caruso ein besonderes Kunstwerk. Ein Mann aus Iakora hat es aus einem Stück Holz selbst geschnitzt: Es stellt den barmherzigen Samariter dar, der die Wunden eines Aussätzigen verbindet.

VORBEREITUNGEN FÜR DIE NÄCHSTE
MISSION IN ISIFOTRA

Von Juli bis November 1996 waren wir wieder auf Urlaub in Wien. Einen großen Teil dieser Zeit verbrachten wir mit Untersuchungen und mehreren Spitalsaufenthalten, doch dann verbesserte sich unser Gesundheitszustand allmählich wieder. Das herzliche Wiedersehen mit Freunden unserer Pfarre Altmannsdorf hat uns sehr gut getan, sowohl physisch als auch seelisch. Natürlich freuten wir uns auch, unsere Verwandten zu besuchen, doch dann fingen wir auch bald wieder an, uns neu auf Madagaskar vorzubereiten.

Leider ist unser guter Bischof Jean-Guy Rakodondravahatra plötzlich am 21. September 1996 während eines Aufenthalts in Frankreich gestorben. In der Diözese Ihosy hing nun vieles mehr oder weniger in der Luft.

Während unseres Aufenthalts in Wien haben wir auch unsere Situation als kamillianische Laienmissionare mit Pater Gregotsch für die nächste Zeit in Madagaskar besprochen und neu geregelt. Wir vereinbarten, dass die Kamillianer bei der Finanzierung eines Autos für unsere Arbeit mithelfen würden. Die andere Hälfte wurde uns von der MIVA zugesagt. Außerdem würde das kamillianische Missionswerk weiterhin die Medikamente finanzieren sowie sich um die Pensionsvorsorge für Enzo kümmern. Da ich ja selbst nun schon seit einiger Zeit die Pension bezog, war nun Etliches auf unserem Privatkonto zusammengekommen, das wir – eingenäht in unsere Kleider – auf unsere nächste Reise nach Madagaskar mitnahmen.

Nach einem sehr bewegenden Abschiedsgottesdienst in unserer Pfarre Altmannsdorf, versicherte uns die Gemeinde, wir könnten auch weiterhin mit ihrer Unterstützung rechnen. Neu gestärkt und ermutigt flogen wir am 16. November 1996 wieder zurück nach Antananarivo.

ZURÜCK IN FIANARANTSOA

Wie froh und dankbar waren wir, als wir wieder die rote Erde von Madagaskar unter unseren Füßen spüren und den Duft der vielen Blumen und Pflanzen einatmen konnten. Alles war uns hier vertraut: die fröhlichen Menschen, aber auch die wunderbare Natur mit ihrer reichen Fauna und Flora. Wir empfanden sofort das Gefühl, wieder „zu Hause" angekommen zu sein. In Österreich hatte uns hingegen nicht mehr das Gefühl von „Heimat" eingeholt. Im Gegenteil: Wir fühlten uns in unserer alten Heimat immer mehr fremd.

Auf dem Weg nach Isifotra blieben wir in Fianarantsoa stehen, wo Pater Engelbert Gruber aus Österreich gemeinsam mit den polnischen

Kamillianern und zwei Novizen in einem Haus lebte. Auch schon die Jahre davor wurden wir von ihnen immer gut aufgenommen, wenn wir in dieser Provinzhauptstadt zu tun hatten. Also ließen wir uns von ihnen über den Kauf eines Autos beraten. Sie hatten viel Erfahrung mit Fahrzeugen. Vorübergehend lieh uns Pater Zbyszek, der Superior von Fianarantsoa, ein Auto aus seiner Missionsstation. Es war ein kleiner Renault, nicht gerade im besten Zustand, aber es gelang uns, damit bis nach Ihosy zu kommen. Von Fianarantsoa nach Ihosy sind es in etwa 200 Kilometer.

IN TANIMANDRY ZWISCHEN MÄUSEN UND KAKERLAKEN

Mittlerweile hatten wir erfahren, dass Pater Colombi, ein italienischer Lazarist, den wir noch aus unserer Zeit in Iakora kannten, zum Bischofsvikar in Ihosy ernannt worden war und dass er somit den Bischof vertrat, solange nicht ein neuer Bischof für die Diözese geweiht war.

Er war gerade in Ihosy, als wir dort ankamen und empfing uns sehr freundlich. Er meinte, dass wir uns das Dorf Isifotra, von dem uns ja bereits Bischof Jean-Guy erzählt hatte, anschauen sollten. „Morgen kommt auch Pater Razzu, der für diese Gegend verantwortlich ist. Vielleicht kann er Euch dorthin begleiten und Euch den Leuten im Dorf vorstellen", meinte er.

Er stellte uns bei den Lazaristen in Tanimandry, einem Vorort von Ihosy, ein Zimmer zur Verfügung. Wir konnten es benutzen, wenn wir in Ihosy zu tun hatten. Natürlich boten wir Pater Visca, dem Superior und zugleich Diözesanökonomen von Ihosy, einen kleinen Mietzins an, den er auch sehr gern annahm. Somit hatten wir in Ihosy eine sichere Bleibe. Das Zimmer war zwar sehr schmutzig und von Mäusen und Kakerlaken bevölkert. Aber wir hatten ein wenig Erfahrung aus Iakora mitgebracht und dort gelernt, wie man mit so einer Plage fertig wird. Im Zimmer befanden sich immerhin zwei Betten, zwei Sessel, ein Tisch und sogar ein Kasten. Damit waren wir schon sehr zufrieden. Zum Glück hatten wir in Tanimandry auch einen Container stehen, der uns bereits zur Verfügung gestellt wurde, als wir noch in Iakora waren. In diesem Container konnten wir die Pakete aus Österreich und Deutschland lagern, bis sich eine Gelegenheit ergab, um sie anderswohin zu transportieren. In den Paketen waren Decken und Bettwäsche aus Bramberg, Verbandsmaterial, einige Notfallmedikamente mit langem Ablaufdatum, ein Petroleumkocher, Kochtöpfe, Wasserkübel, Teller und Löffel verpackt. So hatten wir in unserem gemieteten Zimmer das Nötigste, um in Madagaskar überleben zu können.

ERSTE BEGEGNUNGEN IN ISIFOTRA

Pater Razzu, ein gut sechzig Jahre alter Lazarist aus Italien, war schon seit langem in Madagaskar. Er kam am nächsten Tag spät am Abend noch kurz zu uns, um uns willkommen zu heißen. Am Tag darauf, gleich nach der heiligen Messe, hatten wir Zeit, mit ihm etwas länger zu sprechen. Er hatte schon von Bischof Jean-Guy erfahren, dass wir bereit wären, die Mission in Isifotra zu übernehmen, und er war sehr dankbar dafür. Dann erklärte er uns, die Menschen würden dort wegen der örtlichen Abgeschiedenheit wirklich sehr leiden.

Das kleine Dorf liegt 80 Kilometer östlich von Ihosy. Um es zu erreichen, muss man sich mit einem schlechten, staubigen Weg begnügen und außerdem zwei große Flüsse überqueren. Weit und breit gibt es dort in der Gegend keine medizinische Versorgung. Die staatliche Schule ist eine Ruine, der Lehrer ist nur selten vor Ort. So sind circa 90 Prozent der Bewohner Analphabeten, 95 Prozent halten am Ahnenglauben der Bara fest. Außerdem wird das Dorf leider auch oft von Rinderdieben überfallen.

Im Dorf hatten die Lazaristen bereits vor einiger Zeit eine kleine Kirche aus Lehm errichten lassen. Kurz vor unserer Ankunft hatte Pater Razzu noch ein Wellblechdach angebracht, um die Gläubigen darin vor dem Regen zu schützen. Neben der Kirche befindet sich eine größere Lehmhütte, drei mal sechs Meter, die in zwei Räume aufgeteilt ist. Dort wohnte Pater Razzu, wenn er einmal im Monat in Isifotra vorbei kam, um die heilige Messe zu feiern.

Vorübergehend würde er uns einen der zwei Räume überlassen, damit wir darin wohnen könnten. Er sagte uns, dass er uns am nächsten Tag zeitig in der Früh dorthin bringen könnte, um uns den Leuten vorzustellen und um von ihnen zu erfahren, was wir dorthin alles mitbringen sollten. Im Dorf selbst gab es ja weder ein Geschäft, noch eine Post, geschweige denn Strom! Pater Razzu plante, in Isifotra die Heilige Messe zu feiern und dann nach Ihosy zurückzufahren.

So war es dann, dass wir mit Pater Razzu in der Morgendämmerung losfuhren. Gott sei Dank hatte die Regenzeit noch nicht eingesetzt. Ab und zu sahen wir kleine Dörfer und Rinderherden. Nur ganz selten sahen wir Menschen, die zu Fuß nach Ihosy gingen. Unter ihnen waren auch Frauen, die einen Korb voll Hühner auf ihrem Kopf trugen, die sie dann auf einem Markt verkauften. Pater Razzu hielt jedes Mal an, wenn er Menschen auf dem Weg erblickte und begrüßte sie freundlich. Danach kam eine weite Strecke, wo die Gegend völlig unbewohnt war. Die Felder waren schwarz-braun abgebrannt und die Hügel sehr kahl. Ja, von Iakora her wussten wir, dass die Bauern das alte Gras jedes Jahr abbrennen, bevor der Regen kommt und das frische Gras nachwächst. Die Rinder würden sich sonst beim Grasen die Augen an den langen, trockenen Grashalmen verletzen. Leider wird der Erdboden jedoch durch das Niederbrennen immer ärmer, sodass nicht mehr viel Gras nachwächst.

Wir mussten zwei große Flüsse überqueren. Einer davon hieß Menaraka. Die Regenzeit hatte noch nicht eingesetzt, weshalb wir schneller vorankamen und den Fluss ohne Probleme überqueren konnten. So erreichten wir Isifotra bereits gegen elf Uhr Vormittag. Die Kinder und auch viele Erwachsene liefen zusammen, als sie den Motor des Autos hörten.

Die Menschen in Isifotra und der weiteren Umgebung gehören zum Volksstamm der Bara. Bei den Bara ist es üblich, dass sie die Hand des Besuchers mit beiden Händen nehmen und sie leicht schütteln. Dabei sagen sie freundlich, indem sie sich etwas nach vorne beugen: *Arahabaina tonga soa.* Das heißt übersetzt: „Herzlich willkommen!"

Bei ihrer Ankunft in Isifotra werden Enzo und Elisabeth von der Dorfbevölkerung herzlich begrüßt und in ihr Dorf aufgenommen.

Das kleine Dorf Isifotra hatte damals rund 600 Einwohner, die umliegenden Ortschaften miteinbezogen. Es bestand aus niedrigen Lehmhütten mit Strohdächern. Die Häuser der Bara sind alle immer in dieselbe Richtung ausgerichtet: die Haustür dem Westen zu, ein kleines Fenster, das nur mit einem Holzladen verschlossen ist, dem Osten zu. Es gibt kaum Möbel darin. Die Lehmhütte besteht aus einem einzigen Raum, in dem eine Strohmatte auf der niedergestampften Erde liegt. In der südöstlichen Ecke befindet sich eine offene Feuerstelle. Neben dem Eingang rechts ist der Platz für das Werkzeug. Auf dem Dach sind die Strohbündel in fachmännischer Weise mit einem Strick aus Weide am langen Schilfrohr befestigt. Vom Osten nach Westen ist eine lange Schnur gespannt, auf der Kleidungsstücke und Tücher aufgehängt werden. Die Schnur ersetzt sozusagen den Kleiderkasten. Auf der nordwestlichen Ecke kann es sein, dass ein Tisch steht, darauf das Geschirr. Die Bara praktizieren noch einen alten Ahnenglauben, nach dem der Alltag streng geregelt ist: So haben zum Beispiel die Männer ihren Sitzplatz auf der Ostseite, die Frauen auf der Westseite, die Kinder auf der Südseite oder neben der Mutter. Gäste, wenn es Männer sind, sitzen neben dem Familienältesten, *Lonaky* genannt, im Osten. Wenn es Frauen sind, ist ihr Platz bei den Frauen. Alle sitzen auf der Strohmatte am Boden. Auf der nordöstlichen Ecke des Daches ist ein starker Ast befestigt, daran hängen ein Gefäß und auch ein Messer. Das sind besonders geachtete Gegenstände. Mit dem Gefäß nimmt man das Wasser für das Opfer, *Tata* genannt, und besprengt damit die Familie. Das Messer wird zum Schlachten des Opfertieres, eines Zebu-Rindes, verwendet. Rinder spielen überhaupt eine sehr wichtige Rolle in der alten Kultur der Bara. Im Laufe der Jahre haben wir diesen Stamm und ihre Ahnenreligion immer mehr kennen- und schätzen gelernt.

Die erste Begegnung mit den Dorfbewohnern von Isifotra, bei denen wir die nächsten sieben Jahre verbringen sollten, verlief sehr herzlich. Hier, unter den Bara, fühlten wir uns wohl und fanden allmählich auch unsere zweite Heimat.

Wir gingen in das Haus von Pater Razzu. Natürlich war dort nicht Platz für alle Leute, die uns so herzlich begrüßt hatten. So nahm der Pater nur die Familienältesten (*Lonaky*) und den Katechisten mit. Er erklärte ihnen, dass er ihrem Wunsch gemäß nun ein Ehepaar gefunden habe, das bereit sei, bei ihnen in Isifotra zu bleiben, um die Kranken zu pflegen und um mit ihnen zu beten und noch vieles mehr. „Nur, ihr müsst ihnen jetzt helfen, ein Wohnhaus zu bauen und danach auch noch eine Ambulanz. Vorübergehend wohnen sie jetzt erst einmal in meiner Hütte. Zum Versorgen der Kranken brauchen sie dann noch eine zweite Hütte, die leer steht." Die Männer waren begeistert und dankten uns immer wieder für unser Kommen. Sie versprachen, alles zu tun, um uns zu helfen. Sogleich wurde eine

Hütte ausgesucht, die sie zur Versorgung der Kranken ausräumen und bereitstellen wollten. Die Frauen bewirteten uns mit Reis und gekochtem Hühnerfleisch. Pater Razzu feierte die Heilige Messe und sagte, noch nie hätten so viele Leute daran teilgenommen. Es gab erst fünf getaufte Christen im Dorf. Das waren einerseits die Mitglieder der Familie des Katechisten, der von auswärts kam, und ein junger Bara. Wir versprachen, in zwei Tagen wieder zu kommen und fuhren mit Pater Razzu zurück nach Ihosy.

Im ersten Jahr teilt sich das Ehepaar Caruso mit Pater Razzu eine bescheidene Lehmhütte, die von einem Zaun aus Schilfrohr umgrenzt ist. Enzo freundet sich rasch mit den Kindern des Dorfes an.

In Ihosy luden wir die wichtigsten Sachen in und auf das kleine Auto und fuhren vollbepackt nach zwei Tagen wieder in Richtung Isifotra. Es war uns aber klar, dass wir nach 14 Tagen zurückfahren mussten, um den Kamillianern in Fianarantsoa Bescheid zu geben über die Entscheidung, die wir gemeinsam mit Pater Colombi, Pater Razzu und mit der Bevölkerung von Isifortra getroffen hatten.

EIN ETWAS UNGEWÖHNLICHER
GEBURTSTAG

Es war der 24. November 1996, als wir das erste Mal ohne Pater Razzu und abermals mit dem ausgeliehenen schwachen Renault an meinem 60. Geburtstag auf dem Weg nach Isifotra waren. Es war ein sehr heißer Tag. Durch das Blechdach des Wagens, ohne Klimaanlage, war die Hitze fast unerträglich. Wir hatten einen Kanister Wasser, Brot und Bananen dabei und, um meinen 60. Geburtstag zu feiern, eine kleine Flasche Fanta und eine kleine Packung trockene Keks. So machten wir an einer schattigen Stelle Rast und verzehrten das bescheidene Geburtstagsessen. Wir beteten mit Vertrauen und wussten, dass der Herr bei uns war. Wie auch immer unsere Zeit in Isifotra ausgehen würde, wir legten alles, was uns bevorstand, in Gottes Hand.

Nach vier Stunden kamen wir im Dorf gut an. Die Kinder liefen gleich auf uns zu. Ihre Freude über das Wiedersehen war groß. Einige Mädchen brachten uns gleich ein paar Kübel sauberes Wasser vom Bach. Mit dem Wasser bereitete die Frau des Katecheten uns Reis und etwas Gemüse für den Abend vor. Eine andere schenkte uns zwei Eier. So war für den ersten Abend schon gut gesorgt.

Vor Einbruch der Dunkelheit gingen wir in die Kirche, um die Vesper zu beten, so wie wir es schon immer gewöhnt waren zu tun. Vor allem war es uns ein Bedürfnis zu danken, dass wir mit dem Auto auf dem langen Weg keine Panne hatten. Fünf oder sechs Kinder begleiteten uns spontan in die Kirche. Wir erklärten ihnen, dass wir nur beten wollten. Da schrien sie: „Wir auch!" Von diesem Tag an kamen jeden Abend und jeden Morgen Menschen mit uns zum Gebet in die Kirche. Am Anfang waren es wenige, dann mit der Zeit wurden es immer mehr. Nun musste sich Enzo für die Dorfbewohner eine andere Form des Gebets einfallen lassen, die nicht so streng geregelt war, wie das Stundengebet der Vesper und Laudes.

Als wir spürten, dass die Bevölkerung Interesse am Gebet hatte, nützte Enzo die Gelegenheit, um für sie eine kurze Katechese zu halten.

Wir waren dankbar, dass der Auftrag Jesu: „Geht, heilt die Kranken und verkündet das Evangelium!" so direkt an uns ergangen war und wir nun diesen Glauben mit den Menschen in Isifotra teilen konnten.

DIE PROVISORISCHE AMBULANZ

Am nächsten Tag waren schon einige Kranke vor unserer Hütte, die auf eine Behandlung warteten. Aus unserem Medikamentenkoffer holten wir das Notwendige heraus, um sie zu versorgen. Es waren da ein paar Kinder mit Durchfall, einige Erwachsene mit Malaria und ein alter Mann mit Asthma. Gemeinsam mit ein paar willigen Männern vom Dorf, versuchten wir die Hütte, die vorübergehend als Ambulanz dienen sollte, ein wenig herzurichten. Sie war total leer: Im Inneren der nackte, festgestampfte Lehmboden, auf der Ostseite zwei kleine Fenster mit Holzläden, die man öffnen konnte, auf der Westseite eine Tür, die auch nur aus ein paar schlecht zurechtgehackten Brettern bestand. Verschließen konnte man die Hütte von außen mit einem Hängeschloss und innen auch mit einem Holzriegel. Die braven Männer wussten sich besser zu helfen als wir. Sie brachten einen längeren Holzstamm, den sie spalteten und mit ein paar langen Stricken, aus Sisal geflochten, am Dach aufhängten. Mit den zwei Holzstücken hatten wir so eine Art Regal gebastelt, um die Medikamentenschachteln, Salben und etwas Verbandzeug darauflegen zu können. Als Tisch wurde starkes Schilfrohr (*Bararata*)- ebenso mit Sisal verbunden- auf vier Holzpflöcken befestigt und ergab somit eine Art Brett. Der Tisch war fertig!

Frauen brachten Strohmatten und bedeckten den nackten Boden damit. In einen Deckenbezug, der in den Paketen aus Bramberg war, wurde Stroh gestopft, ein Stück Plastik darübergestülpt. So konnten sich die Kranken zur Untersuchung oder zum Verbandanlegen darauf hinlegen. Am Boden stand ein Kübel mit sauberem Wasser und eine Schüssel zum Händewaschen. Das war also unsere Ambulanz für einige Wochen, vielleicht auch für Monate. Die Leute zeigten wirklich guten Willen, um uns zu helfen. So brachte ein alter Mann seine einzige kleine Holzbank, damit Enzo die wunden Füße nicht auf dem Boden verbinden musste. Wir waren also entschlossen. hier zu bleiben.

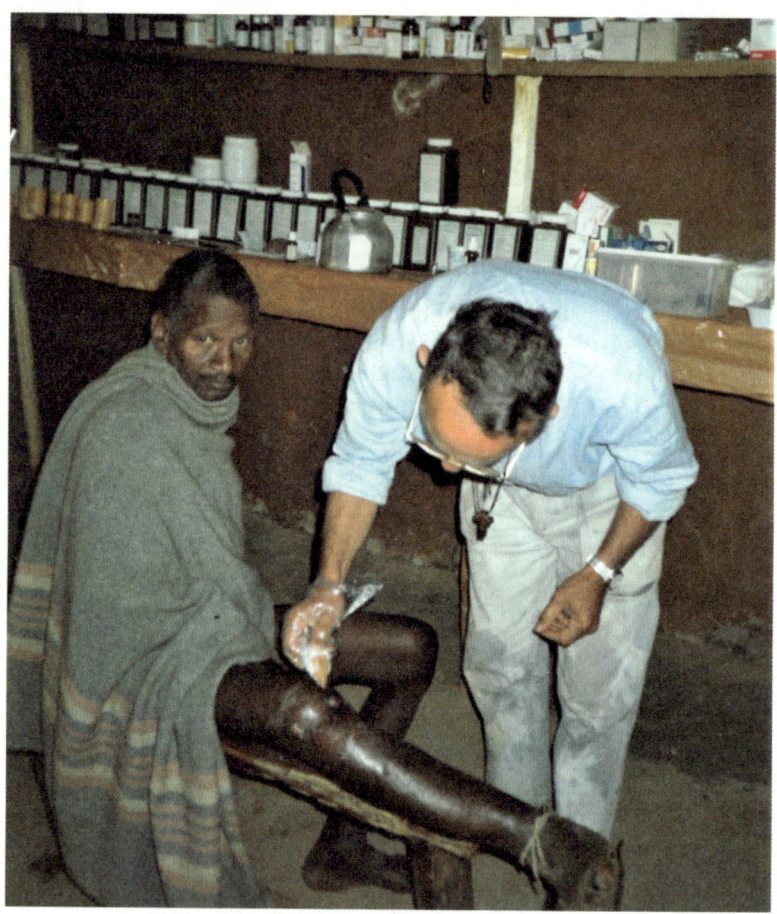

Ein Jahr lang dient die provisorisch eingerichtete Notfallambulanz zur Behandlung der zahlreichen Leprakranken von Isifotra. Die Einrichtung ist bescheiden. Doch mit gutem Willen und Geduld kann Enzo auf der kleinen Holzbank auch die schwersten Fälle von Lepra verarzten.

Die Zeit drängte, und wir mussten noch einmal vor dem großen Regen mit dem schwachen Auto nach Ihosy und dann nach Fianarantsoa fahren. Also brachen wir in der Morgendämmerung auf, die Regenwolken hingen schon am Horizont. Die Leute kamen noch zum Auto und wünschten uns eine gute Reise und eine baldige Rückkehr. Sie prophezeiten, dass der Regen bald kommen würde.

Die Schutzengel standen uns während der Reise bei, sodass wir ohne lange Wartezeit die zwei Flüsse bequem überqueren konnten. Die Brücke über die Menaraka war allerdings noch nicht ganz fertig. Kurz bevor wir nach Ihosy kamen, setzte der Regen so richtig ein. Wieder einmal spürten wir deutlich den Schutz von oben. Am nächsten Tag ging die Reise nach Fianarantsoa weiter. Es war die letzte mit dem alten kleinen Renault. Wir konnten dort das Auto unbeschädigt den Kamillianern zurückgeben. Pater Zbyszek erklärte uns, wir sollten bis in die Hauptstadt, nach Antananarivo, weiterreisen, um dort zu einem neuen Auto zu kommen. Das waren immerhin noch 400 Kilometer. In Antananarivo lebte Pater Jurek, ein polnischer Lazarist, der sich um die Fahrzeuge für die Missionare und Schwestern kümmerte. Pater Zbyszek wollte mit ihm noch diesbezüglich telefonieren. Wir hatten es eilig, fuhren also wieder weiter und waren schon am nächsten Tag bei Pater Jurek in Antananarivo. Zum Glück hatten wir um fünf Uhr früh noch zwei Plätze in einem „Taxi-Brousse" gefunden. Wir zwängten uns dort hinein, gemeinsam mit zehn anderen Mitreisenden.

DER NEUE MAZDA

Pater Jurek hörte uns geduldig zu, als wir ihm unsere Lage schilderten. Er meinte, dass gerade einige Mazda mit Allradantrieb und einer Ladefläche angekommen seien. Er hätte sie für Missionare im Süden von Madagaskar gekauft. Sie seien robust und verhältnismäßig günstig, und wir könnten gleich einen davon haben.

Das war natürlich ein Glück, und wir freuten uns schon auf das neue Auto. Da das Geld von der MIVA Austria und von Pater Gregotsch noch nicht angekommen war, bat uns Pater Jurek darum, alles zu tun, um die Sache bei Pater Gregotsch zu beschleunigen, damit das Geld so bald wie möglich an ihn überwiesen werde. Als Anzahlung gaben wir ihm einen Großteil unseres persönlichen Geldes, das wir noch bei uns hatten. Pater Jurek telefonierte noch auf Polnisch mit Pater Zbyszek, und auf einmal ging am Telefon ein Donnerwetter los. Wir konnten nicht verstehen, worum es ging. Erst danach erfuhren wir von ihm, dass die Kamillianer in Fianarantsoa den bequemen Allradantrieb-Wagen der Firma Mazda für sich behalten wollten. Wir würden dafür ihren alten Toyota bekommen, mit dem Pater Engelbert vor kurzem einen schweren Unfall hatte. Er war gerade von der Reparatur zurückgekommen. Doch damit waren die Kamillianer bei Pater Jurek, einem echten Lazaristen, an eine schlechte Adresse geraten, denn er war auf unserer Seite und sagte: „Fahrt los! Arbeitet für die Armen! Das Geld wird schon kommen, Gott wird sorgen!"

Der neue Mazda, ein Geschenk von MIVA Austria (ein katholisches Hilfswerk, das sich darauf spezialisiert, Fahrzeuge für die Mission zu beschaffen), ist ein Segen und ständig im Einsatz in diesem holprigen Gelände.

EINE GEFÄHRLICHE FLUSSÜBERQUERUNG BEI HOCHWASSER

Also fuhren wir mit dem Mazda los. Ja, und wir vertrauten auf Gott. Es blieb uns wirklich nur mehr eine kleine Summe Geld übrig, doch schon früher hatten wir immer wieder die Erfahrung gemacht, dass wir mit dem wenigen Geld, das uns zur Verfügung stand, irgendwie auskamen.

Nach einem kurzen Aufenthalt in Fianarantsoa, wo wir ein paar Kanister Diesel als Reserve und andere Einkäufe besorgten, ging es weiter nach Ihosy, wo wir in unserem gemieteten Zimmer in Tanimandry übernachteten. Am nächsten Tag, es war der 23. Dezember, fuhren wir nach der heiligen Messe um sechs Uhr früh weiter nach Isifotra. In der Nacht hatte es stark geregnet. Bis zur Brücke des Menaraka-Flusses ging die Fahrt zügig dahin. Als wir jedoch das Ufer des großen Flusses erreichten, hatte das Hochwasser bereits die Brücke überschwemmt. Die Leute des Dorfes Analavoka warnten uns und meinten, wir müssten schnell fahren, bevor die Brücke einstürzt, wenn überhaupt. Ein junger starker Mann bot uns Hilfe an und wollte uns zeigen, wo die Brücke verlief. Wir hatten nicht lange zu überlegen. Der Mann lief voraus, und Enzo fuhr hinter ihm her. Ich zitterte und betete: „Du hast Deinen Engeln befohlen, dass sie uns beschützen auf all unseren Wegen!" Fast hatten wir die Brücke schon erfolgreich überquert – der Mann war bereits am anderen Ufer angelangt – da gerieten wir plötzlich in ein Loch. Die Brücke war nämlich noch nicht ganz fertig gebaut. Das Wasser kam schon bei der Motorhaube herein, da schaltete Enzo schnell auf Allradantrieb, und so gelang es uns doch noch im letzten Moment, aus dem Fluss wieder herauszukommen. Es war wirklich in letzter Sekunde, und so konnten wir wieder einmal den besonderen Schutz Gottes ganz konkret spüren. Wir bedankten uns beim braven Mann mit einer kleinen Summe Geld und nahmen ihn ins nächste Dorf mit, wo er zu Hause war.

EINE WEIHNACHTSKRIPPE FÜR ISIFOTRA

Wir wurden durch unseren Dienst an den Kranken immer mehr ein Teil des Lebens in Isifotra. Im Jahr 1996 feierten wir zum ersten Mal mit der Dorfbevölkerung Weihnachten. Die Heilige Nacht verbrachten wir leider ohne eine Eucharistiefeier, weil Pater Razzu wegen erneuter Überschwemmungen die Menaraka nicht überqueren konnte. Also feierten wir mit den Gläubigen gemeinsam einen Wortgottesdienst. Aus Jakora hatten wir noch eine geschnitzte Krippe mitgebracht, die wir mit zwei Kerzen auf den Altartisch stellten. Vorher wurde sie in einer kleinen Prozession mit Liedern durch das Dorf getragen, und wir luden alle zum Gottesdienst ein. Am Abend war die kleine Kirche voll mit vielen Kindern und ihren Eltern und Angehörigen. Mit Begeisterung sangen sie die Weihnachtslieder. Der Katechist las das Evangelium vor. Anschließend hielt Enzo eine Predigt. Danach brachten viele spontan ihre Fürbitten vor den Herrn. Mit dem „Vater-Unser" und dem „Engel des Herrn" wurde der Gottesdienst schließlich beendet, und Enzo spendete jedem Einzelnen noch mit der Krippe in der Hand den Segen. Leider hatten wir noch nicht das Allerheiligste in der Kirche von Isifotra, aber so war eben die Weihnachtskrippe in dieser Heiligen Nacht unser „Allerheiligstes". Ja, in dieser Heiligen Nacht war die Krippe im armseligen Dorf von Isifotra wirklich unser „allerheiligster" Gegenstand. Sie erinnerte uns wieder einmal daran, dass auch Jesus es vorgezogen hat, in einem armen Stall bei Ochs und Esel geboren zu werden und nicht in einem Königspalast.

In Fianarantsoa hatten wir etliche Bonbons gekauft. Ein paar Frauen verteilten die Hälfte davon nach dem Gottesdienst an alle anwesenden Gläubigen. Da brach auf einmal Jubel aus. Vor allem die Kinder stürzten sich auf uns und rissen uns die Bonbons aus der Hand. Doch wir gaben ihnen nicht alle auf einmal, sondern erklärten ihnen, dass sie für die zweite Hälfte Bonbons noch bis zu Neujahr warten müssen. Wir wollten ihnen auf diese Weise beibringen, dass es sich lohnt, etwas Gutes bis zu einem anderen Fest aufzusparen.

Für uns war es schön zu sehen, wie wir mit dieser Kleinigkeit eine unerwartete Freude bei den Kindern auslösen konnten.

Der Weihnachtstag war für uns dann nicht mehr so sehr ein Feiertag, denn es kamen schon wieder viele Kranke, die wir nicht warten lassen konnten. Am späten Nachmittag versammelten sich mehrere Bewohner vor unserer Hütte. Sie brachten eine große Henne mit, auch Reis und Bananen. Sie wollten sich damit bei uns bedanken und uns frohe Weihnachten wünschen. Es war eine so herzliche Geste, die uns Wärme und neue Kraft gab. Wir nahmen die Geschenke dankbar an. Die Henne wollten wir nicht gleich schlachten, sondern fürs Eierlegen behalten. Der Katechist bot sich an, für uns einen kleinen Hühnerstall zu bauen. Das war sehr nützlich, denn wir bekamen aus dem Nachbardorf noch einen kleinen Hahn als Willkommensgruß dazu. Und nach sechs Wochen schlüpften bereits die ersten Küken. Die Hühnerzucht entwickelte sich gut.

DIE ARBEIT BEI DEN KRANKEN
MACHT ERFINDERISCH

Die Kranken kamen oft von sehr weit her zu uns. Es hatte sich in der ganzen Gegend herumgesprochen, dass wir in Isifotra eine kleine Krankenstation eröffnet hatten, und die Menschen vertrauten uns.

In der Diözese von Ihosy war es üblich, dass die Leute für die Medikamente bezahlten, so mussten auch wir etwas dafür verlangen. Wir beließen es aber bei einem Symbolpreis, und manchmal gaben sie uns statt Geld zwei Eier oder ein paar Bananen oder etwas Reis, oder manchmal auch gar nichts. Immer wieder wurden Schwerkranke mitten in der Nacht zu uns gebracht. Wir wurden gleich verständigt, und so arbeiteten wir oft auch nachts. Beim schwachen Licht einer Petroleumlampe die Patienten zu behandeln, war nicht einfach. Aber umso größer war die Freude, wenn es der Person dann besser ging und sie wieder gesund nach Hause gehen konnte, und das zu Fuß, oft über weite Bergstrecken. Wir stellten fest, dass viele Kinder an Unterernährung, Scabies und an Würmern litten. Also veranstalteten wir jeden Tag einen kurzen Hygieneunterricht im Dorf. Das war dringend notwendig. Auf einmal konnten die Eltern verstehen, wie sie ihre Kinder durch eine bessere Hygiene vor Milben und anderen Parasiten schützen konnten.

Wir begannen unsere Arbeit jeden Tag mit einem Gebet, danach folgte der Hygieneunterricht, und dann waren wir bereit für die Behandlungen. Es war nicht immer leicht, die richtige Behandlungsmethode zu finden, um den Menschen bei der Vorbeugung einer schweren Krankheit zu helfen. Kompliziert war es zum Beispiel einmal bei einer Epidemie von Durchfällen, als einige Kinder in schwer dehydriertem Zustand zu uns gebracht wurden. Sie waren ja oft tagelang unterwegs. Ich erklärte den Frauen immer wieder, sie sollten vor ihrem Abmarsch abgekochtes Wasser mit sechs Kaffeelöffel Zucker und einem Löffel Salz in eine Ein-Liter-Flasche füllen und das dem Kind auf dem Weg zu trinken geben. Alle Frauen nickten gehorsam. Aber in den nächsten Tagen konnte ich niemanden sehen, der eine Flasche mit Wasser dabei hatte. Da kam ich drauf, dass ich den Frauen einen Blödsinn gesagt hatte. In ihren Dörfern gab es gar keine Flasche. Sie hatten auch keine Ahnung, wie man einen Liter berechnen konnte. Außerdem gab es keinen Zucker, vielleicht war ein wenig Salz vorhanden. Die Menschen besaßen auch keinen Kaffeelöffel. Da fiel mir ein, dass es mit Reiswasser leichter ging. Ein kleiner Kochtopf und Reis waren in fast jedem Hause zu finden. Dazu brauchten sie etwas Wasser und Holz, das auf den Wegen zu finden war, Damit konnten sie das Reiswasser kochen.

Und so mussten wir immer wieder umdenken und uns an die Gegebenheiten anpassen. Die Umstellung von einem medizinischen System, das wissenschaftlich betrachtet sehr gut funktionierte – wie jenem in den Wiener Krankenhäusern – auf die afrikanischen Verhältnisse, war nicht einfach. Mir kam es vor, als ob wir einen reich geschmückten Christbaum abräumen mussten. Am Ende blieb nicht viel mehr übrig als der nackte Stamm. Und trotzdem gelang uns mit der Hilfe Gottes sehr viel. Die Kranken vertrauten uns und unseren Behandlung, bei der uns auch das Wissen, das wir bei den Ärzten ohne Grenzen, in Benin erworben hatten, sehr von Nutzen war.

Regelmäßig trifft sich Elisabeth Caruso mit den Frauen des Dorfes, um sie über gefährliche Krankheiten aufzuklären, die oft mit einer mangelnden Hygiene einhergehen. Die Frauen kommen gerne zum Hygieneunterricht und nehmen dankbar ihre Ratschläge zur Einhaltung von Sauberkeit und Hygiene an.

DAS GROSSE GESCHENK
DER DORFÄLTESTEN (*LONAKY*)

In Isifotra gab es nicht weniger Leprakranke als in Iakora. Bald stellte sich uns die Frage: Wo können wir die Leute für die Zeit der Behandlung unterbringen? So versammelte Enzo am Abend die Dorfältesten und besprach das Problem mit ihnen. Sie erlaubten uns, am Rand des

Dorfes zwei Hütten zu bauen, wo wir die Leprakranken für einige Zeit aufnehmen konnten. Allerdings sollten wir mit dem Bau bis zum Ende der Regenzeit warten. Das Dorf stellte 3.000 Quadratmeter Grund für den Bau einer Ambulanz und für unser zukünftiges Wohnhaus zur Verfügung. Die Bewohner wollten auch mithelfen und auf dem Grundstück Erdnüsse, Maniok und Bananen anbauen. Sie waren wirklich sehr hilfsbereit, motiviert und großzügig.

Wir hatten allerdings ein Problem mit dem Wasser. Es war verseucht von Bilharziose und Amöbiase. Außerdem musste man fast einen Kilometer weit gehen, um beim nächsten Bach Wasser zu holen. Die Frauen gingen jede Woche dorthin, um die Wäsche zu waschen. Es gab weit und breit keinen einzigen Brunnen. Nachdem Enzo während des Urlaubs im Waldviertel einen Wünschelruten-Kurs gemacht hatte, gelang es ihm ziemlich schnell, auf unserem Grundstück in sieben Meter Tiefe eine gute Wasserader zu finden. Das motivierte einige Männer im Dorf wieder, an dieser Stelle den Brunnen zu graben. Währenddessen holte Enzo, begleitet von ein paar anderen Burschen, mit dem Auto Steine aus dem Tal. Dann errichteten sie mit den Steinen die ein Meter hohe Mauer des Brunnens, während die anderen das Wasser in der Tiefe wegschöpften. In einem Dorf, das sechs Kilometer nördlich lag, fanden die Männer Betonröhren, die vor Jahren von einem französischen Privatunternehmen liegengelassen worden waren. Nachdem Enzo die Erlaubnis hatte, sie zu verwenden, wurden sie mit viel Mühe nach Isifotra gebracht und in den Brunnen versenkt. Viele Männer haben dabei geholfen, und es gelang wunderbar. Die Öffnung wurde mit einem sicheren Deckel versehen, und nun war sauberes Wasser da, für die Kranken und auch für uns. Ohne die braven Leute von Isifotra hätten wir das nie geschafft. Wir versprachen ihnen, einen zweiten Brunnen zu graben, sobald die ärgste Arbeit auf den Reisfeldern vorüber sei.

In Isifotra ist das Wasser verseucht. Also sucht Enzo mit der Wünschelrute nach einer neuen Wasserader. Gemeinsam mit vielen Männern aus dem Dorf errichtet er einen Brunnen mit sauberem Trinkwasser.

So ging das Leben im Dorf mit viel Freude, wenn auch verbunden mit einigen Mühen, weiter. Für die Menschen dort waren wir die *Rai aman dreny*, das heißt übersetzt: die Eltern. Oft saßen wir am Abend noch vor unserer Hütte, ermüdet von der getanen Arbeit, aber auch überglücklich. Dann kamen die Kinder vom Dorf vorbei. Wir setzten uns mit ihnen auf den Boden und sangen gemeinsam madagassische Lieder. Der Sternenhimmel war oft zum Greifen nahe. Wir bewunderten das Kreuz des Südens am Firmament und dachten uns: Wie wunderbar sind doch unsere Bara, die mit dem Kosmos, dem Schöpfergott *Zanahary* und den Ahnen so stark verbunden sind!

AHNENGLAUBE UND INKULTURATION
DER BARA

Pater Luigi Elli, der als Provinzial der Lazaristen für das Missionsgebiet der Bara zuständig war, hegte großes Interesse für diesen kleinen, unbekannten Volksstamm. Er schrieb mehrere interessante Bücher über die Bara, die auf Italienisch, Französisch und Malagasy erschienen sind. Vor allem sein Buch über die Zivilisation der Bara (*„Les Bara de Madagascar. Une civilisation du boeuf"*) hat uns die Augen geöffnet. Durch diese Lektüre konnten wir dieses wunderbare Volk, das noch kaum erforscht wurde, noch besser verstehen.

Wir erkannten zum Beispiel, dass der Ahnenglaube der Bara unter vielen Aspekten Ähnlichkeit mit dem Alten Testament hat. Die Bara glauben an den *Zanahary*, den Schöpfer allen Lebens und Ursprung alles Guten. Sie praktizieren einen Eingott-Glauben. Gleichzeitig verehren sie ihre Ahnen, das heißt verstorbene Familienmitglieder, die ein vorbildliches Leben geführt haben. Durch die Ahnenkette wird das Leben bis zu ihnen weitergegeben. Wenn sich ein Bara durch einen groben Fehler gegen die Familie versündigt, zum Beispiel wenn sich der Sohn auf die gleiche Ebene wie der Vater stellt, dann hat er sich selbst aus der Familie ausgeschlossen. Diejenigen, die gegen die Familie handeln, fühlen dann oft, dass sie nicht mehr den Wert eines Menschen haben. Sie fallen oft in Depressionen und haben keinen Halt mehr im Leben, weil sie von ihren Wurzeln abgeschnitten sind. Oft kommen sie nach einer Weile zurück zum Familienältesten (*Lonaky*) und bitten ihn um Verzeihung. Als Zeichen der Versöhnung muss dann ein Rind geschlachtet werden. Dieses *Tata*-Opfer ist notwendig, damit diese Person wieder in die Familie aufgenommen werden kann. Diese Gedanken erinnerten uns an das Evangelium vom „verlorenen Sohn". Wir erzählten den Bara oft von diesem bekannten Gleichnis, und sie nahmen die Geschichte vom „verlorenen Sohn" gerne von uns an. Sie verstanden sie gut und fühlten sich und ihre Kultur darin gut angenommen. Aber es brauchte unsererseits viel Einfühlungsvermögen und Respekt vor ihrer Kultur.

Berührt hat uns auch ihr Verständnis von Gut und Böse. So glauben die Bara auch, dass sie nach dem Tod heim zu den Ahnen und zu *Zanahary* gehen, der will, dass die Menschen das Gute tun und das Böse meiden. Es gibt viele Sprichwörter, die darauf hinweisen. Zum Beispiel: *„Ny tody tsy misy, fa ny atao no mi verina"*, das heißt: „Es gibt nicht die Vergeltung, aber das Böse, das du tust, rächt sich selber." Deshalb bringen die Bara *Zanahary* und den Ahnen als Opfer ein Rind dar, um ihren Gott zu besänftigen. Es ist immer die ganze Familie, die das *Tata*-Opfer bringt, und nicht der Einzelne allein. Es ist auch die Familie, die dem *Zanahary* und den Ahnen das Opfer darbringt, wenn ein „verlorener Sohn" wieder in die Gemeinschaft zurückkehrt und den Familienältesten (*Lonaky*) um Vergebung bittet. Das geopferte Leben des Rindes gibt ihm dann die Menschenwürde wieder zurück.

Die Bara bringen dem Schöpfergott *Zanahary* ein Dankopfer dar: Der *Lonaky* spricht ein Gebet, während das Zebu-Rind, bereit für die Opferung, auf dem Boden liegt.

Im Leben der Bara spielen Rinder überhaupt eine sehr wichtige Rolle. So kommen Zebu-Rinder in der Landwirtschaft immer noch zum Einsatz. Und auch das sogenannte *Tata*-Opfer des Rindes begleitet die Bara ihr ganzes Leben lang. Zum Beispiel bringen die Bara ein *Tata*-Opfer dar nach einer schweren oder lang ersehnten Geburt, bei der Vermählung, bei der Genesung nach schwerer Krankheit, bei der Beschneidung von Buben, zum Dank für eine gute Ernte und vor allem auch beim Begräbnis eines Angehörigen.

Wir hatten das Glück, öfters bei solchen *Tata*-Opfern eingeladen zu sein. So konnten wir auch eine gewisse Ähnlichkeit der Gebete der Bara, wie sie vom *Lonaky*, dem Familienältesten, ausgesprochen wurden, mit den Gebeten aus dem Alten Testament feststellen.

Viele ihrer Sprichwörter und Gebete zeugen von einer tiefen Weisheit: „Verspotte nicht den Schwachen (oder den geistig Behinderten), sondern fürchte Gott!" Oder: „Auch wenn du glaubst, dass es keine Folgen (oder Rache) gibt: Das, was du getan hast, kommt zu dir zurück." Viele der madagassischen Sprichwörter und Gebete erinnerten uns an Stellen aus dem Alten Testament, wie zum Beispiel: „Unsere Tage zu zählen lehre uns! Dann gewinnen wir ein weises Herz." (Psalm 90,12) Auch der *Lonaky* betete so ähnlich: „Gib uns ein weises Herz, damit wir die Lehre der Ahnen achten." Oft sagte er auch zum *Zanahary*: „Gib uns viele gesunde Kinder, die unser Erbe weitertragen." Ähnlich betet auch König David in einem Psalm um reichen Kindersegen: „Kinder sind eine Gabe des Herrn, die Frucht des Leibes ist sein Geschenk." (Psalm 127,3)

Je besser wir diesen alten Volksstamm der Bara kennenlernten, desto mehr waren wir von ihrer Weisheit beeindruckt. Ja, man kann von diesen Menschen wirklich viel lernen. Sie haben in vieler Hinsicht einen besseren inneren Maßstab für die wesentlichen Werte als wir Europäer.

Wenn auch die Bara von manchen Christen, vor allem von evangelikalen oder freikirchlichen Missionaren, als „primitiv" und wild, ungläubig und allem Fortschritt gegenüber ablehnend abgestempelt werden, so ist die Realität unserer Ansicht nach eine ganz andere. Pater Elli, der sich tiefgehend mit der Kultur der Bara beschäftigt hat, und auch Jean-Guy Rakodondravahatra, der als erster madagassischer Bischof seine Leute gut kannte, haben dies mehrfach bestätigt.

Ein Bara ist zutiefst religiös. Sein ganzer Alltag spielt sich ab in Harmonie mit dem Schöpfer, dem Kosmos, der Familie, dem Rind und dem *Tata*-Opfer. Er erkennt seinen Platz im Leben, ganz nach der Ordnung und dem Plan des Schöpfers. Ein Bara verlässt seinen Glauben auch nicht, wenn er das Christentum annimmt. Pater Elli schreibt in seinem Buch über die „Zivilisation der Bara" dazu: „Man kann von einem Bara nicht verlangen, dass er seinen Ahnen kein Opfer darbringt." Er würde es sonst im Geheimen weiterhin tun, da es ein essentieller Teil seines Lebens ist. So vertrat Pater Elli die Meinung, dass die christliche Botschaft die Bara nicht erreichen wird, wenn sie ihren „Kult" ersetzt, sondern nur wenn sie den „Kult" von innen her reinigt. Auch Bischof Jean-Guy war als Madagasse überzeugt, dass die Distanzierung von dem Ahnenglauben gar nicht notwendig sei. Er war selbst kein Bara, sondern gehörte zum Stamm der Vakinankáratra, aber er hatte ein großes Verständnis für die Bara und konnte während seiner Bischofszeit in der Diözese von Ihosy viele Erfahrungen mit ihnen sammeln.

EIN ZYKLON ZERSTÖRT DIE ERNTE

Ende Jänner 1997 wurde der Südosten Madagaskars von einem schweren Zyklon heimgesucht, der viel Unheil angerichtet hat. Der Sturm kostete vielen Menschen das Leben, er zerstörte viele Häuser, Straßen und Brücken, und auch die Reisernte war kaputt. Auch in Isifotra bekamen wir den Sturm stark zu spüren. Viele Reisfelder waren weggeschwemmt. Es stand uns ein mageres Jahr bevor. Vor unserer Hütte stand ein großer Chininbaum. Die Leute hatten Angst, dass er während des starken Windes auf unsere Hütte fallen könnte und haben ihn daher immer wieder beobachtet, ob er dem Sturm standhält. Gott sei Dank ist nichts passiert. Auch sonst kam kein Mensch in unserer Gegend im Sturm um. Die Brücke über die Menaraka, unsere Verbindung mit der Außenwelt, war auch noch heil, dafür aber längere Zeit überschwemmt. Dagegen waren die Brücken, die nach Iakora führten, alle zerstört.

In unserer Hütte war eine Riesenüberschwemmung: die Schaum-gummimatratzen, Decken und Polster, alles war durchnässt. Vom Schlafen war in dieser Nacht keine Rede. So erging es auch allen anderen Dorfbewohnern. Es wurde aber nicht gejammert. Solche Naturkatas-trophen gehören zum Leben der Bara, und sie werden von ihnen mit derselben Haltung angenommen, wie sie auch das Gute annehmen.

EIN ÜBERRASCHENDER BESUCH

Etliche Wochen nach dem Zyklon war die Menaraka-Brücke wieder befahrbar. Wir waren gerade dabei, die Kranken zu versorgen, da hörten wir auf einmal den Motor eines Landrovers. Vor unserer Notambulanz hielt ein schöner, starker Jeep an. Drei sehr gut gekleidete einheimische Männer stiegen aus und schauten sich um. Viele Kranke lagen im Hof auf dem Boden herum. Wir dachten uns: Vielleicht eine staatliche Kontrolle. Wir hatten alle Genehmigungen für unsere Ambulanz, und so blieben wir gelassen. Sie näherten sich unserer bescheidenen No-tambulanz und klopften an die Tür. Wir öffneten ihnen und begrüßten sie höflich. Sie sahen sich neugierig unseren Behandlungsraum an und fragten verwundert, was wir hier denn so machen würden. „Sie sehen es doch, wir versorgen Kranke. Wollen sie die Papiere sehen?" „Oh nein!", antworteten sie und stellten sich vor. Die Männer waren von der internationalen Entwicklungshilfe-Organisation FID (*Fond International de Development*). Sie kamen aus Fianarantsoa und waren auf der Durchreise, auf dem Weg nach Maropaika und hätten nur zufällig unser Auto und die vielen Kranken vor der Tür gesehen.

Also luden wir sie in unsere Hütte auf einen Kaffee ein. Sie waren sehr neugierig und wollten mehr über unsere Arbeit mit den Kranken erfahren. Ich glaube, wir konnten sie ganz gut von unserer Tätigkeit überzeugen, denn bevor sie sich wieder verabschiedeten, boten sie uns ihre Unterstützung an. „Wir helfen euch gerne, eine richtige Ambulanz zu bauen. 90 Prozent der Kosten übernehmen wir, und zehn Prozent plus die Einrichtung ist euer Teil." Ein besseres Angebot hätten wir uns von diesen Männern kaum erwarten können. Wir waren wirklich überrascht und konnten es kaum glauben. Natürlich waren wir auch erleichtert, endlich Unterstützer für unser Projekt gefunden zu haben. Die Sache war nur, dass wir im Namen der Diözese und der Kamillianer hier arbeiteten und deshalb nicht selbst entscheiden konnten. Wir mussten zuerst mit den Verantwortlichen sprechen. Die Männer konnten dies gut verstehen und sagten: „Erkundigt euch so bald wie möglich bei den Kamillianern, ob sie damit einverstanden sind und gebt uns dann Bescheid!" Sie gaben uns ihre Adresse. Wir spürten, dass diese Männer ehrlich waren und es gut mit uns und mit den Kranken meinten.

Enzo fuhr ein paar Tage danach nach Ihosy zu Pater Colombi, dem Bischofsvikar, der sofort „grünes Licht" für das Projekt gab. Dank seiner Zustimmung waren wir nun natürlich hoch motiviert, für die fehlenden zehn Prozent noch andere Spender zu finden. Auch die Kamillianer in Fianarantsoa und Pater Gregotsch in Wien, den wir telefonisch von Ihosy aus erreichten, waren damit einverstanden. Wir warteten also auf die Antwort des FID. Die göttliche Vorsehung hielt die Hand über dieses wichtige Werk.

UNRUHEN LASSEN NICHTS GUTES ERAHNEN

In diesen Tagen hatten wir es auch mit Unruhen im Dorf zu tun. Eines Nachts hörten wir lautes Gebrülle, Hiebe und Schläge sowie ein wildes Herumlaufen rund um unsere Hütte. Wir schauten nach, was los war. Ein paar Männer, die am Nationalfeiertag zu viel Schnaps konsumiert hatten, fingen zu raufen an und schlugen fest auf einen Burschen ein. Er wurde verletzt und hatte eine Wunde am Rücken, eine am Kopf und eine offene Fraktur an der Hand. So lag der Arme in der Nähe unserer Hütte. Die anderen Burschen waren verschwunden. Bald kamen Männer aus dem Dorf, darunter auch der Bruder des Verletzten. Für uns war klar, dass er mit so einer offenen Fraktur ins Spital nach Ihosy gebracht werden musste. Nachdem wir ihn notdürftig verbunden hatten, fuhren wir los. Sein Bruder kam mit. Seine Mutter war in Ihosy verheiratet und wurde gleich verständigt. Sie war wütend auf die Leute in Isifotra. Wir ahnten nichts Gutes!

Nachdem wir den verletzten jungen Mann im Krankenhaus abgeliefert hatten, fuhren wir so schnell wie möglich wieder zurück nach Isofotra, wo wir uns wieder unserer Arbeit widmeten. Nach ein paar Tagen tauchten plötzlich einige Gendarmen bei uns auf. Sie waren bewaffnet. Nachdem sie sich von uns hatten gut verköstigen lassen, versammelten sie alle Männer auf dem Dorfplatz. Auch Enzo musste kommen. Die Burschen, die den Mann verwundet hatten, waren hingegen über alle Berge verschwunden. Einer der Gendarmen fing an zu schreien und uns lauter Fragen zu stellen. Niemand wollte wissen, wer diese Tat getan hatte und wo überhaupt die Täter waren. Da schrie er Enzo an: „Du hast doch den Mann nach Ihosy gefahren und musst daher wissen, wer ihn verwundet hat!" Enzo blieb ruhig und antwortete: „Ja, ich weiß es. Aber es ist nicht an mir zu antworten, sondern an der Familie des Betroffenen. Frage die." Da wurde der Mann wütend, fuchtelte mit seinem Gewehr herum und zielte auf Enzo, der am Boden saß, wie alle anderen Männer auch. Er schrie: „Du Ausländer, du bist nur hier, um Unruhe zu stiften. Wir werden es dir zeigen!" Da stand Dida, der Dorfälteste, auf und sagte: „Der Mann tut nur Gutes für uns alle. Er hat schon viele Menschenleben gerettet. Lass das!" Er stellte sich vor Enzo und schob das Gewehr des Gendarmen zur Seite. Der Gendarm sagte daraufhin nichts mehr zu Enzo. Aber er verlangte viel Geld und ein Rind für sich, und auch der Familie des Verwundeten sollten die Schuldigen zwei Rinder als Entschädigung geben.

Dieses Erlebnis führte dazu, dass wir uns noch stärker mit den Dorfbewohnern von Isifotra verbunden fühlten. Es zeigte uns auch wieder, wie sehr die Menschen auf dem Land der Willkür solcher Funktionäre ausgeliefert sind.

Nach einigen Monaten kam uns auch Pater Zbyszek besuchen. Er half Enzo, die Wasserpumpe im Brunnen zu installieren. So konnten wir den Brunnen endlich in Betrieb nehmen. Er stand uns auch bei mit seinem Rat wegen der Frage, an welcher Stelle des großen Grundstücks, das uns die Dorfältesten geschenkt hatten, wir die Ambulanz bauen sollten.

WARNUNG VOR EINER ERNSTEN GEFAHR

In dieser Zeit erreichte uns auch Pater Olivier aus Ivohibe, einem Dorf, das 45 Kilometer östlich von Isifotra hinter einer Bergkette liegt. Es war an einem Sonntagnachmittag. Wir waren mit den Leuten gerade in der Nähe der Kirche im Gespräch. Pater Olivier stieg aus dem Auto aus und machte mit der Hand ein stilles Zeichen in unsere Richtung. Wir verstanden sofort, dass er mit uns über etwas Wichtiges sprechen wollte. Also baten wir ihn, in unserer Hütte Platz zu nehmen. Er machte hinter sich die Türe zu und schaute uns besorgt in die Augen. „Ihr seid in großer Gefahr!" warnte er uns im Flüsterton. Und dann klärte er uns über die gefährliche Lage in den Dörfern auf: „In dieser Gegend betreiben Banden seit jeher ihr Wuchergeschäft mit gestohlenen Medikamenten, die sie vor allem aus den Ambulanzen der Barmherzigen Schwestern und aus den staatlichen Spitälern entwendet haben. Seitdem ihr nun hier für die Kranken arbeitet, können sie ihrem Geschäft nicht mehr so gut nachgehen, weil ihr an alle Kranke Medikamente zu einem symbolischen Preis verteilt. Sie sind deshalb entschlossen, alles zu unternehmen, um euch von hier wegzuschaffen, wenn notwendig auch zu töten!" Wir sollten uns so schnell wie möglich umschauen nach einem sicheren Haus und einem guten Wächter mit einem scharfen Hund, falls wir trotz der Gefahr hier bleiben wollten. Außerdem meinte er, wir sollten es im Dorf niemandem sagen, wenn Enzo nach Ihosy fahren muss, außer zwei vertrauensvollen Männern, die ihn dorthin begleiten sollten, und das noch dazu nur sehr zeitig in der Früh. Wir bedankten uns bei Pater Olivier für diese Information. Er verabschiedete sich von uns und fuhr wieder weiter.

Also beteten wir und überlegten, was nun am besten zu tun sei. Dann fiel unser Entschluss: Wir wollten nicht weggehen, weil wir ja im Namen Jesu hier waren. Er ist auch nicht davon gelaufen, als ihm Gefahr drohte, obwohl er genau wusste, was ihm bevorstand. Doch wir mussten sofort Tala, den Chef des Dorfes, und auch den Katechisten verständigen. Enzo redete mit Tala. Dieser schickte seine Leute gleich zu den Familienältesten (*Lonaky*) und ließ ihnen ausrichten, dass sich alle am Abend, wenn ins Horn geblasen wird, in seiner Hütte versammeln müssen. So war es auch. Kaum war die Sonne untergegangen, blies einer der Männer ins Horn, und die *Lonaky* kamen, in ihre Umhangtücher gehüllt, in das Haus von Tala. Er war eine Art Bürgermeister und bewohnte daher die größte Hütte des Dorfes. Das Innere bestand aus einem großen, leeren Raum, in dem eine saubere Strohmatte auf dem Boden lag. In der Mitte des Raums stand ein kleines Petroleumlicht. Alle nahmen auf dem Boden Platz. Sie saßen die Wand entlang im Kreis. Tala im Osten, Enzo neben ihm, dann der Katechist und nach der Reihe all die anderen Männer. Frauen waren bei solchen Versammlungen nicht geladen. Ich durfte mich allerdings ausnahmsweise neben der Tür im südwestlichen Winkel aufhalten. Dann erklärte Tala den Grund, warum sie sich hier versammelten. Er gab Enzo das Wort, um zu berichten, was er von Pater Olivier gehört hatte. Danach lud Tala die Männer, einen nach dem anderen ein, ihre Meinung zu äußern. Sie sollten sagen, was sie denken und was in dieser Situation zu tun sei. Respektvoll und ruhig sagte ein jeder seine Meinung. Am Ende fasste Tala die Meinungen aller zusammen, und dann erklärte er feierlich: „Wir bitten die Zwei, bei uns zu bleiben. Wir sind bereit, alles zu tun, um sie zu schützen: Wenn wir leben, dann leben auch sie, und wenn sie sterben müssen, dann sterben auch wir."

Tala beschloss auch, dass jede Nacht zwei Männer mit Lanzen unsere Hütte bewachen sollten, bis er uns ein sicheres Haus und einen verlässlichen Wächter zur Verfügung stellen könnte. Wir waren gerührt zu sehen, wie besorgt diese Männer um unsere Sicherheit waren. Wir bedankten uns bei allen erleichtert und versprachen ihnen, in Isifotra zu bleiben.

Wir mussten aber auch dem Bischofsvikar von Ihosy von jenem Vorfall berichten, Pater Colombi war der Meinung, es sei unbedingt notwendig, dass wir immer ein Funkgerät bei uns haben, um in Verbindung mit Ihosy und den Kamillianern zu bleiben. Er nahm die Sache ziemlich ernst und trug uns auf, das Auto immer mit Benzin bereit zu haben und auch die wichtigsten Sachen, um sofort wegfahren zu können, wenn Gendarmen oder verdächtige Typen auftauchen sollten. Es würde allerdings keinen Sinn machen, eine Anzeige gegen diese Bande zu erstatten, weil die Regierung und die Behörden von Madagaskar ganz antieuropäisch eingestellt seien. So konnte Enzo mit der Hilfe von Pater Zbyszek ein Funkgerät kaufen, das mit der Batterie unseres Autos funktionierte. Es war ein gewisser Schutz, nicht nur für uns, sondern auch für das ganze Dorf. Doch wir hatten Glück: So lange wir in Isifotra wohnten, begegneten wir keinem getarnten Gendarmen mehr, der im Dorf willkürliche Kontrollen machte.

UNSER WOHNHAUS WIRD BEZUGSBEREIT

Da wir in der Zwischenzeit eine gute Summe Geld von Pater Gregotsch, der Pfarre Altmannsdorf und von vielen Freunden überwiesen bekamen, fingen wir ernstlich an, an unser Wohnhaus zu denken. Einige Arbeiter hatten gerade bei Pater Olivier in Ivohibe einen Bau fertiggestellt. Sie hatten dort viel gelernt und waren nun bereit, zu einem vernünftigen Preis auch bei uns zu arbeiten. Auf dem Bezirksamt von Ihosy erhielt Enzo die Erlaubnis, ein paar Bäume in einem nahen Wald zu schlägern und Granitsteine aus den Bergen zu holen. Die Männer vom Dorf hielten Wort und arbeiteten eifrig mit. Frauen und Kinder klopften den ganzen Tag Schotter. Es war sehr berührend zu sehen, wie uns die Menschen von Isifotra ihre Zuneigung zeigten, indem sie uns halfen, unser Haus zu bauen. Da es lange Zeit nicht geregnet hatte, konnten die Lehmziegel im Dorf gemacht und getrocknet werden.

Die Bevölkerung von Isifotra hilft tatkräftig mit, mit selbstgebrannten Ziegeln das neue Wohnhaus für Enzo und Elisabeth zu bauen.

Die Arbeit auf der Baustelle ging gut vorwärts, obwohl wir gleichzeitig zahlreiche Kranke zu behandeln hatten, was immer mehr Zeit in Anspruch nahm. Enzo leistete in dieser Zeit wirklich Übermenschliches: Vorsichtig lud er alle Steine einzeln mit bloßen Händen auf den Anhänger, um den Mazda ja nicht zu beschädigen. Mit den Buben trug er die Holzstämme auf seinen Schultern vom Wald bis zum Pick-up. Einmal sagte ein kleiner Mann zu seinem Bruder, der einen Baumstamm ungeschickt auf die Schultern von Enzo schob: „Pass auf, du tust ja dem *Dokotera* weh, siehst du nicht, wie er sich plagen muss." Enzo wurde von den Bara „Doktor" genannt, wie alle Männer, die in der Krankenpflege tätig waren. Am Abend als ich Enzo mit lauwarmem Wasser den Rücken wusch, sah ich, wie zerschunden seine Schultern waren, mit blauen Flecken überall, und dazu noch die wunden Hände. Ich hatte Mitleid mit ihm und musste weinen.

Wegen der vielen Arbeit bei der Baustelle blieb mir fast allein die Sorge für die Kranken. Dazu kam noch der Mangel an Schlaf durch das

Aufstehen in der Nacht, wenn wieder jemand an unsere Türe klopfte. Uns blieb keine Zeit zum Ausrasten, denn die Schwerkranken und Krüppel warteten bereits vor der Tür. Also mussten wir weitermachen. Die Gewissheit, dass Christus mit uns war und wir Ihm jeden Tag in so vielen Leidenden begegnen durften, verlieh uns Zuversicht und immer wieder neue Kraft.

Im November 1997 wurde das Wohnhaus fertig. Als Dank für alle Arbeiten vonseiten der Bevölkerung machten wir ein Fest für das Dorf. Wir dachten bei der Planung des Hauses nicht nur an unseren bescheidenen Bedarf, sondern auch an unsere Nachfolger. Wir hofften, dass nach uns eine kleine Schwesterngemeinschaft hier einziehen würde. Deshalb hatten wir das Haus von Anfang an etwas größer geplant. Als Pater Elli kam, um das Haus zu segnen, erhielten wir viel Lob dafür. Für ihn war es das Modell für andere Schwesternhäuser in dieser weiten Steppe: einfach, praktisch, günstig gebaut und angepasst an die Bescheidenheit der Dörfer.

OSTERN 1997 UND ERSTE TAUFE

Zu Ostern 1997 kam Pater Elli zu uns, um die Karwoche und das Osterfest in Isifotra mit uns zu feiern.

Seit den ersten Tagen in Isifotra besuchte Enzo am Abend die alten und kranken Menschen in ihren Hütten. So stieß er eines Tages auf Tsirivelo, einen ungefähr 75 Jahre alten Mann, der Interesse am katholischen Glauben zeigte. Enzo ging öfters zu ihm und erteilte ihm Katechismus-Unterricht. Tsirivelo ging es nicht gut. Er hatte ein Herzleiden und wollte so bald wie möglich getauft werden. Als nun Pater Elli zu uns kam, erzählte Enzo ihm von diesem Mann, und so wurde Tsirivelo wirklich zu Ostern im Jahr 1997 getauft.

Trotz aller Einfachheit, man könnte fast sagen Armut, war es ein ergreifendes Fest für das ganze Dorf. Tsirivelo wurde auf den Namen Thomas getauft. Er hatte sich selber diesen Namenspatron ausgesucht, weil er meinte, er habe selber vorher wie Thomas gezweifelt. Aber jetzt sagte auch er: „Mein Herr und mein Gott!" Kurz danach ging es dem alten Mann dann wieder besser und er wurde ein Apostel für seine große Familie, von der sich auch viele andere im Laufe der Jahre noch taufen ließen.

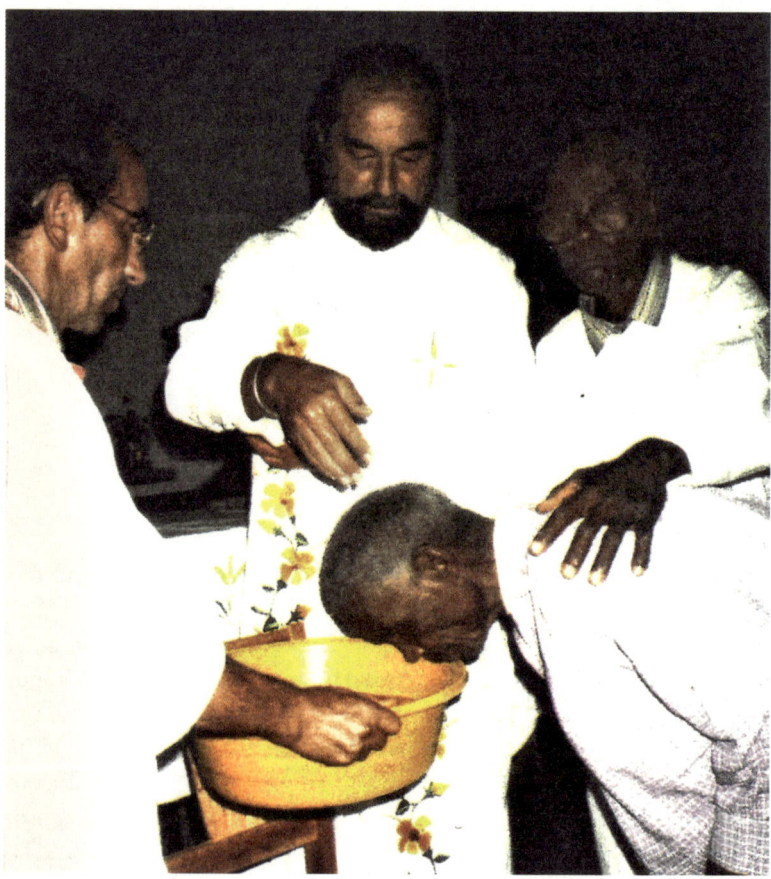

In der Osternacht von 1997 wird Tsirivelo von Pater Luigi Elli getauft. Der alte Mann ist der erste aus dem Stamm der Bara, der sich in Isifotra taufen ließ. Weil er wie der Apostel Thomas zuvor Zweifel hegte, wählt er den christlichen Namen Thomas aus. Jetzt kann er voll Freude ausrufen: „Mein Herr und mein Gott!"

UNSER KATECHIST — EIN EINBRECHER?

Die Reisernte im Juli 1997 war trotz des großen Zyklons im Jänner Gott sei Dank nicht so schlecht ausgefallen. Dann kam es aber noch im August 1997 zu einer unguten Überraschung. Eines Nachts wurde in der Hütte, wo wir die Kranken versorgten, eingebrochen, und viele Medikamente und anderes Sanitätsmaterial wurden gestohlen. Tala, der Chef unseres Dorfes, wurde sofort verständigt. Er kam sogleich und ließ alle Männer des Dorfes zu sich rufen, um gemeinsam zu beraten, was nun zu tun sei. Sofort wurden alle Hütten in Isifotra durchsucht, um zu schauen, ob dort Medikamente zu finden sind oder sich sonst eine Spur des Diebstahls auftut. Aber dann war sich Tala sicher: Es war niemand aus dem Dorf. Die Spur führte vielmehr in den Süden. In Isifotra war es, wie auch in anderen größeren Dörfern, üblich, dass einige junge, starke und verlässliche Männer zur Verteidigung des Dorfes ausgesucht wurden. Es waren die sogenannten *Zamà*. Diese wurden jetzt in die umliegenden Dörfer geschickt, um die Diebe und auch die Medikamente aufzuspüren.

Nachdem wir die Kranken, die am dringendsten Hilfe brauchten, versorgt hatten, fuhren wir mit Tala, dem Katechisten und zwei von den *Zamà* los, um im Gemeindeamt von Analavoka, einem Dorf in unserer Nachbarschaft, zu melden, was geschehen war. Wir waren sehr besorgt, denn mit den Medikamenten konnte viel Unfug getrieben werden. Nach ungefähr zehn Kilometern kam uns ein *Zamà* entgegen und zeigte uns eine Handvoll Amoxycillin-Tabletten der Firma Medeor. Er hatte sie von einem Mann bekommen, der sie wiederum bei der Schwester des Katechisten in Sanatry, einem kleinen Ort unweit von Isifotra, gekauft hatte. Der Katechist war kein Bara, er kam von der Ostküste. Er sei jetzt gerade auf dem Markt in Nosibe, der dort einmal in der Woche stattfand. Es waren noch 30 Kilometer bis dorthin. Unsere Fahrt ging also nach Nosibe. Schon überquerte der Katechist von Sanatry die Straße im Ort und grüßte uns sehr freundlich. In seiner Hand hatte er mein Schweizer-Messer, das ich sofort erkannte. Ich verwendete es zum Teilen der Medikamente.

Enzo öffnete das Fenster unseres Mazdas, nahm die Hand des Mannes und sagte: „Das ist das Messer, das du heute Nacht in Isifotra gestohlen hast". Der Mann fing an zu stottern und wollte fliehen, doch unsere Männer standen schon um ihn herum und hielten ihn fest. Der zweite Dieb saß etwas weiter, mit dem Rücken zu uns, auf dem Boden und verkaufte gerade die Medikamente. Wir erkannten die Schachteln der Firma Medeor. Auch diesen konnte die *Zamà* fassen. Etwas abseits im tiefen Gras hatten sie den Koffer und die Schachteln mit den Medikamenten versteckt. Der Koffer und alle Schachteln wurden aufs Auto geladen, auch die zwei Missetäter mussten einsteigen. Sie wurden auf jeder Seite von einem *Zamà* bewacht. Gemäß einer Regel des Dorfes müssen die *Zamà* die Diebe zurück ins Dorf bringen. So geschah es auch.

So gegen fünf Uhr Nachmittag wurden sie auf dem Dorfplatz abgeladen. Alle Leute von Isifotra waren versammelt. Man sah den Zorn auf ihren Gesichtern. Tala berichtete allen Anwesenden, was geschehen war. Manche Männer hatten schon geballte Fäuste und wir ahnten, dass es zu einer Schlägerei kommen würde. Da sagte Enzo sehr laut und bestimmt: „Die Zwei hier haben Unrecht getan. Aber wir sind nicht gekommen, um zu verursachen, dass hier Blut vergossen wird. Wenn ein Tropfen Blut fließt, gehen wir aus dem Dorf weg." Es war plötzlich Stille, aber ein tiefer Groll lag in der Luft. Man einigte sich darauf, den zwei Dieben zu verbieten, das Dorf je wieder zu betreten. Unter lautem Geschrei und überhäuft mit Schimpfwörtern wurden die beiden Diebe mit großer Verachtung aus dem Dorf verjagt.

Als wir dann Pater Razzu vom Vorfall mit seinem Katechisten erzählten, reagierte er auf diese Nachricht mit einem Achselzucken. Er meinte, dass er den jungen Mann von Ranotsara nach Sanatry gebracht hatte, weil er Lesen und Schreiben konnte und so hoffte er, dass er den Kindern nun auch den Katechismus beibringen würde. Aber die Realität sah leider ganz anders aus. In den anderen Dörfern der Bara war es um die Katechisten nicht viel besser bestellt. Meist waren es Zugezogene aus dem Norden, oder sie kamen von der Ostküste und gehörten zu anderen Stämmen. Die meisten von ihnen waren Batsileo, die den Bara und ihrer Kultur nicht sehr nahestanden. Allerdings waren sie oft die Vertrauenspersonen der Missionare, was bei den Bara wiederum beleidigend ankam. Das ist mit ein Grund, warum die Evangelisierung der Bara nur so langsam vorankam.

BAKETY, DER WÄCHTER

Als dann unser Wohnhaus endlich fertig und auch gut verschließbar war, konnten wir dort die Medikamente aufbewahren. Übrigens: Es wurde niemals wieder eingebrochen. Außerdem hatten wir einen sehr guten Wächter – er hieß Bakety – und einen Hund namens Fido!

Bakety, ein Mann aus Isifotra um die vierzig Jahre alt, war von seiner Lepra-Erkrankung stark beeinträchtigt. Seine Hände waren verstümmelt, die Füße auch. Die stinkenden Wunden waren bis auf seine Knochen vorgedrungen und die Zehen zum Teil bereits abgefallen. Er konnte nur mehr sehr schwer auf dem Reisfeld arbeiten und die Rinder bewachen. Wegen seines üblen Geruches mied er es, unter die Leute zu gehen. Er hatte eine Familie, eine Frau und fünf Kinder. Schon bald waren es sechs Kinder. Eines Tages, als wir in der Notambulanz so um 14 Uhr gerade mit der Versorgung der Kranken fertig wurden und etwas essen gehen wollten, schlich sich Bakety ums Eck, seine Hände und Füße in schmutzige, stinkende Fetzen gehüllt. Ich ließ ihn bei der Tür herein und machte einen Seufzer: „Und auch das noch!" Enzo schaute mich streng an und sagte: „Du, es ist der Herr!" Dann setzte er Bakety auf die kleine Bank und fing an, die schmutzigen Fetzen von seinen Händen und Füßen zu entfernen, sie zu reinigen und zu verbinden. Das war unser erster Kontakt mit Bakety.

Als dann nach einigen Wochen seine Wunden wieder sauber verheilt und geschlossen waren, fragte ihn Enzo, ob er nicht unser Wächter sein wolle. Wir dachten uns, dass er mit dem Gehalt seine Familie leichter durchbringen könnte. Außerdem hatten wir hinter dem armen Leprakranken in seinen Lumpen einen ehrlichen und mutigen Bara entdeckt. Bakety sprach mit seiner Frau und seinem

Bruder über diese Idee und willigte dann ein. „Nur," sagte er etwas zögerlich, „ihr müsst die erste Zeit immer wieder aufpassen, dass ich nicht einschlafe. Ich möchte auf keinen Fall, dass durch meine Schuld wieder bei euch eingebrochen wird." Bakety schlief nie! Er rief uns, wenn in der Nacht Schwerkranke zur Ambulanz gebracht wurden oder eine Frau Schwierigkeiten bei der Entbindung hatte. Er begleitete uns zur Ambulanz und wieder zurück. Das war unser erster Angestellter. Er war nicht nur Wächter, sondern auch ein guter Freund. Und Fido, ein Hund, war sein treuer Begleiter!

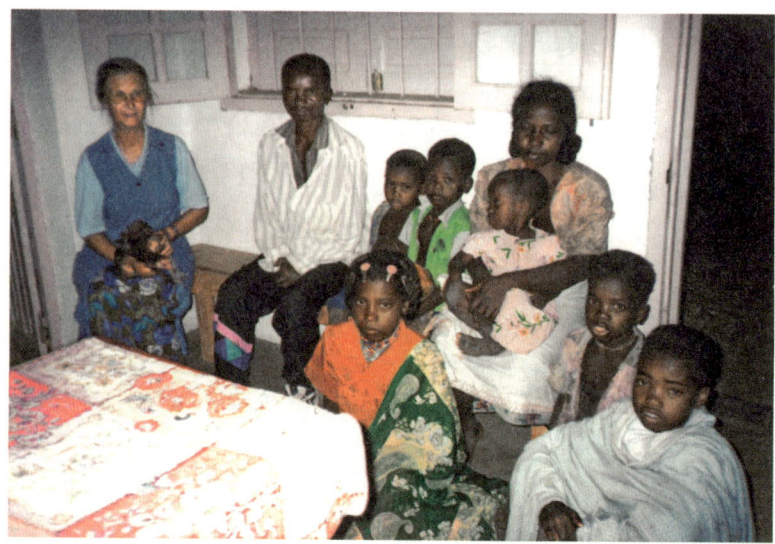

Bakety, ein treuer Wächter und Freund: Nachdem Enzo seine Wunden gesäubert und verarztet hat, bietet er dem Leprakranken eine verantwortungsvolle Arbeit an. Bakety soll das Haus der Carusos vor Einbrechern bewachen. Er kann so seine sieben-köpfige Familie ernähren. Zum Dank schenkt Bakety dem Ehepaar Caruso zu Weihnachten eine Henne.

In der Zwischenzeit meldete sich auch die Organisation FID wieder bei uns. Es kamen zwei Männer und besprachen mit uns die Pläne der neuen Ambulanz, wo sie nun gebaut werden sollte und wann sie eine Firma schicken würden. Sie würden auch dafür sorgen, dass das Material hierher geliefert wird. Wir und das ganze Dorf waren unendlich dankbar, dass FID diese schwere Arbeit übernahm. Im Herbst sollte damit begonnen werden.

Überglücklich lasen wir am Abend den Psalm 127: „Wenn nicht der Herr das Haus baut, müht sich jeder umsonst, der daran baut. Wenn nicht der Herr die Stadt bewacht, wacht der Wächter umsonst." (Psalm 127,1)

DIE HEUSCHRECKENPLAGE

Fast zur gleichen Zeit brach eine andere Katastrophe über den Südosten des Landes herein: eine schreckliche Heuschreckenplage. Wir hatten gerade mit den Leuten mit einem kleinen Fest unsere Hauseinweihung gefeiert. Kaum eine Woche danach war der Himmel mit einer schwarzen Wolke bedeckt. Es waren Millionen von Heuschrecken. Wo auch immer sie sich niederließen, innerhalb von 48 Stunden wurde das Land von ihnen abgemäht. Sie attackierten Reisfelder, Gemüse aller Art – außer Maniok – und fraßen das ganze Gras auf. Alle im Dorf, die gehen konnten – Männer, Frauen und Kinder – liefen auf die Reisfelder, um das Ungeziefer zu verjagen. Es half aber kaum. Die Leute waren mit dieser Plage total überfordert. Nachdem die Heuschrecken alles abgefressen hatten, flogen sie weiter. Das Schlimme war, dass aus den Eiern, die sie legten, nach drei Wochen wieder unzählige kleine Heuschrecken ausschlüpften. Die Plage dauerte noch lange Zeit und nahm einfach kein Ende.

Eines Abends – der Reis war schon sehr knapp und die Leute hatten Hunger – versammelte sich das Dorf bei uns und bat uns, sie ja nicht im Stich zu lassen. Sie sahen, dass wir ziemlich strapaziert aussahen und hatten Angst, dass wir gehen würden. Zusammen mit ihnen gingen wir in die kleine Kirche – wir hatten das Allerheiligste Sakrament jetzt auch von Pater Razzu für die Kirche in Isifotra bekommen – und wir beteten lange gemeinsam. Am nächsten Tag redete Enzo mit Tala und ein paar anderen Männern. Er entschloss sich, mit ihnen nach Ihosy zu fahren, getrocknetes Maniok und Setzlinge zu kaufen und das Auto damit zu füllen. In Isifotra wurde bis dahin kein Maniok angebaut, denn die Bara waren stolz darauf, nur Reis zu essen. Nun sollte aber jede Familie eine große Portion Maniok und zwölf Setzlinge zum Einsetzen bekommen. Beschlossen, getan. Tala und ein paar Männer von den *Zamà* begleiteten Enzo und verteilten mit ihm größere Mengen Maniok an die Familien. Das wiederholte sich ein paar Mal.

Alle waren sehr dankbar und nahmen auch die Setzlinge gern. Nur der junge Ratahy fing an, die Aktion zu kritisieren. Er meinte, dass der *Dokotera* die Leute wie Kinder behandelt und sie dazu zwingt, Maniok anzubauen. Enzo antwortete ihm: „Du hast ganz recht, du bist ein freier Mensch, ich auch. Ich habe freiwillig Maniok und Setzlinge gekauft, damit ihr das nächste Mal keinen Hunger habt. Nun, wenn du das nicht willst, dann lass auch das Maniok hier. Ich will denen helfen, die sich selbst auch helfen wollen." Der Mann senkte den Kopf, blieb eine Zeitlang stehen und sagte dann: „Du hast recht, entschuldige!" So nahm er dann die Setzlinge und den Maniok doch dankbar an. Im Jahr darauf hatte er einen Acker voller Maniokpflanzen.

DIE REIS-KOOPERATIVE

Mit der großzügigen Hilfe des kamillianischen Missionswerkes – Pater Gregotsch überwies alle drei Monate 4.500 Dollar für den Unterhalt der Ambulanz und anderer Projekte – konnten wir in Notsituationen immer helfen. Auch von Missio Österreich, den Pfarren Altmannsdorf, Bramberg und Freunden bekamen wir immer wieder Spenden. So konnten wir zwei leere Container bei den Kamillianern in Ihosy kaufen und sie nach Isifotra bringen lassen. Der eine diente zur Unterbringung von Baumaterial und Reis für die Kranken und für uns. Der zweite war für die Dorfbewohner, damit sie dort ihren Reis nach der Ernte in Säcken, gut markiert, deponieren konnten und nicht alles gleich zu Schleuderpreisen an die Reishändler verkaufen mussten, wenn diese mit ihren großen Lastwägen aus Ihosy nach Isifotra kamen. Später, wenn der Reis überall knapper wurde, würden sie mehr Geld dafür bekommen. Damit war eine Art Kooperative aufgebaut. Sechs Männer wurden für die Verwaltung des Materials im Container ausgesucht. Es funktionierte sehr gut, und wir konnten somit der Hungersnot besser vorbeugen. Insbesondere aber war auch genug Reis für die neue Saat vorhanden.

Aufgrund des weit verbreiteten Analphabetismus war das Volk der Gaunerei der Reishändler ausgesetzt. Da kam zum Beispiel eine ältere Frau zu uns und zeigte mir voll Stolz die neuen Geldscheine, die sie für ihren Reis vom Händler bekommen hatte: Ja, sie waren neu gedruckt, aber statt 5.000 Ariary waren es nur 500 Ariary. Sie war bestimmt nicht die einzige Person, die auf diese Weise betrogen wurde.

Ein anderes Mal kam ein Mädchen aus einem entfernten Dorf mit Lungeninfektion nach Isifotra. Es war mit einem dünnen, billigen, schlecht genähten Kleid bekleidet. Ihr Vater hatte es für zwei Säcke Reis vom Händler bekommen. Der Händler hatte kein Geld mehr und versuchte, auf diese Art und Weise Sachen anzubringen, die in der Stadt sonst niemand kauft. Armes, betrogenes Volk.

Es war uns klar, dass alles getan werden musste, um das Volk in der Gegend aus der Sklaverei der Unwissenheit und der Ignoranz zu befreien. Es genügte nicht, nur Medikamente zu verteilen und Krankheiten zu heilen. Es musste auch eine gut funktionierende Schule her.

EIN ZWEITER BRUNNEN FÜR ISIFOTRA

Nun waren wir neben der alltäglichen Arbeit mit den Kranken und der Katechese, die Enzo jede Woche für die am christlichen Glauben Interessierten hielt, auch noch mit dem Bau der neuen Ambulanz beschäftigt. Es ging zügig voran. Anfang Februar 1998 sollte das Gebäude fertig sein. Aber zuvor musste noch Wasser gesucht werden, denn das Wasser des ersten Brunnens reichte nicht für alle. Außerdem hatten wir versprochen, einen Brunnen graben zu lassen, der über ausreichend Wasser für das ganze Dorf verfügen sollte. Durch Schwester Renate hatten wir von einem Unternehmen gehört, das in Ranotsara günstig und gut einen Brunnen gegraben hatte. Diese Firma fand auch auf unserem Grund eine starke Wasserader in 16 Meter Tiefe und übernahm dann auch die Grabung und Einfassung des Quellwassers. Dazu installierten sie noch eine Solarpumpe, die uns von der Pfarre Altmannsdorf gespendet wurde. So war nun auf einmal genug sauberes Wasser für die Ambulanz, wie auch Trink- und Kochwasser für das ganze Dorf da. Zum Wäschewaschen gingen die Frauen allerdings weiterhin zum Bach.

Das Wasser war so rein und schmeckte herrlich. Wenn die Kranken zurück in die Dörfer gingen, baten sie uns darum, Wasser aus dem Brunnen mitnehmen zu dürfen. Was für ein Segen war dieser Brunnen doch für das ganze Dorf!

Dank vieler Spenden aus Österreich kann in Isifotra ein zweiter großer Brunnen mit einer eigenen Solarpumpe und einem Wasserschloss gebaut werden. Der Brunnen ist groß genug, um für die Ambulanz und das ganze Dorf sauberes Wasser zu spenden.

EINWEIHUNG DER AMBULANZ
„ZUM HEILIGEN KAMILLUS"

Am 23. März 1998 wurde in Isifotra die Ambulanz *Masindahy Kamille* („zum heiligen Kamillus") eingeweiht. Es war ein großes Fest für das Dorf und die ganze Umgebung. Pater Colombi, der Bischofsvikar, feierte die heilige Messe im Beisein von Pater Razzu, Pater Olivier und Pater Engelbert. Als Vertreter von Pater Gregotsch, unserem Provinzial in Wien, kam sein Sekretär, Sebastian Bock. Auch die Schwestern von Ranotsara nahmen an der Feierlichkeit teil, sowie Vertreter von FID und der Dorfälteste von Analavoka.

Viele Kranke drängen sich zum Eingang der neuen Ambulanz *Masindahy Kamille* („zum heiligen Kamillus"), die am 23. März 1998 eingeweiht wurde.

Das Fest begann mit einem *Tata*-Opfer. Dabei wurde ein Rind von Dida, dem Dorfältesten (*Lonaky*), geschlachtet. Dida war es auch, der großzügig seinen Weidegrund für die Errichtung der Ambulanz, für den Brunnen und für das Wohnhaus zur Verfügung gestellt hatte. Er schaute in Richtung Osten und richtete sein Gebet zum *Zanahary*, dem Schöpfer, während vor ihm ein Rind mit gebundenen Füßen lag. Im Namen des versammelten Volkes dankte er für diesen besonderen Tag und dafür dass der Schöpfer es zugelassen hat, dass dieses Haus gebaut werden konnte und dass die zwei *Mpitsabo* (also Enzo und ich, die „Krankenpfleger") nun da waren. Dann bat er um Gesundheit für sein Volk und um den Schutz für alle, besonders für die *Mpitsabo* und auch dafür, dass das Dorf von Streit, Missernte und Überfall bewahrt bleibe: *„Any ianao, Zanahary ... Wir sind vor Dir, Schöpfer, du hast uns mit Händen und Füßen geschaffen, unser Leben kommt von dir. Hier ist das Rind, das wir dir opfern, damit du uns Gutes tust. Behüte uns vor allem, was uns schadet! Lass die Frauen gesunde Kinder gebären und lass diese zu guten, tüchtigen Menschen heranwachsen! Lass die Rinder sich zahlreich vermehren und bewahre unsere Herde vor Dieben und Krankheiten! Gib uns Weisheit, das Gute, das uns die Ahnen gelehrt haben, zu halten und segne die hier Versammelten!"*

Bei diesem Gebet mussten wir wieder an die Psalmen des Königs David im Alten Testament denken: „Seht doch, wie gut und schön es ist, wenn Brüder miteinander in Eintracht wohnen ... Das ist wie der Tau des Hermon, der auf den Berg Zion niederfällt. Denn dort spendet der Herr Segen und Leben in Ewigkeit." (Psalm 133) Und auch die Bitte um ein gutes Gedeihen und um eine gute Ernte kommt in einem Psalm vor: „Unsere Speicher seien gefüllt, überquellend von vielerlei Vorrat; unsere Herden mögen sich tausendfach mehren, vieltausendfach auf unseren Fluren. Unsere Kühe mögen tragen, ohne zu verwerfen und ohne Unfall; kein Wehgeschrei werde laut auf unseren Straßen. Wohl dem Volk, dem es so ergeht, glücklich das Volk, dessen Gott der Herr ist!" (Psalm 144,13-15)

Uns beeindruckte vor allem auch, dass bei den Bara bereits der Eingott-Glaube angelegt war. So glauben sie zum Beispiel, dass dieser *Zanahary* das Leben durch die Ahnenreihe weiter an die nächste Generation schenkt. Deshalb verehren die Bara neben *Zanahary* auch die Ahnen so sehr, denn sie verfügen über eine große Weisheit. Sie verurteilen das Böse und sind somit für alle Lebenden ein Vorbild.

Das ist auch der Grund, warum sich ein Bara an die Regeln (*Fady*) der Ahnen halten muss.

Tala, der Chef des Dorfes, hält eine bewegende Ansprache während der Einweihung der Ambulanz.

Schließlich fand das Fest dann seinen eigentlichen Höhepunkt in der Feier der heiligen Eucharistie, die Pater Colombi für uns feierte. Die Liturgie wurde davor von uns gut vorbereitet. Sie vergegenwärtigte nun das einmalige Opfer Christi und brachte es in den liturgischen Zeichen zum Ausdruck. So erklärte Pater Colombi in seiner Predigt den anwesenden Bara die tiefere Bedeutung des *Tata*-Opfers: „Jesus ist das wahre Opferlamm, das aus Liebe zu den Menschen ein für alle Male geschlachtet wurde. Durch sein Opfer sind wir erlöst von allen Sünden." Enzo und ich konnten nicht anders, als in diesem Moment an die Worte Jesu denken: „Denkt nicht, ich sei gekommen, um das Gesetz aufzuheben. Ich bin gekommen, um es zu erfüllen." (Matthäus 5,17) In der Tat: Jesus ist auch zu den Bara gekommen, um ihre *Fadys* und Traditionen mit dem Heiligen Geist und mit neuem Leben zu füllen. Bei dieser Eucharistiefeier spürten wir die Präsenz des kosmischen, in der Schöpfung allgegenwärtigen Christus ganz stark.

Zu Beginn der Liturgie tragen die Frauen einen Krug Wasser zum Altar. Mit dem Wasser wird die neue Ambulanz gesegnet.

Die Kinder tanzten und sangen fröhliche Lieder: „Mit Freude ziehen wir zum Haus des Herrn." Die jungen Männer brachten, begleitet von den Tänzen und Liedern, in einer Prozession das Evangelienbuch zum Altar. Die Frauen reichten einen großen Krug voll Wasser dem Priester zur Besprengung der Gläubigen, und sie sangen dabei: „Du bist das lebendige Wasser." Danach brachten einige Frauen und Männer verschiedene Opfergaben tanzend nach vorne zum Altar: eine Hostienschale, eine Flasche Wein, Kerzen, einen Krug Wasser, Blumen, eine Schale Reis, Bananen, einen Korb Eier und sogar ein lebendiges Huhn durfte unter den Opfergaben nicht fehlen.

Enzo und ich bekamen schließlich noch einen besonderen Segen, damit alles, was wir tun, auch Heil bringen möge. Währenddessen wurde das Lied gesungen: *„Vonona aho, Tompo, hiaraka aminao* – Ich bin bereit, dir nachzufolgen, Herr!"

Während der feierlichen Einweihung der neuen Ambulanz spendet Pater Colombi Enzo und Elisabeth Caruso einen besonderen Segen, damit ihr missionarisches Wirken in Isifotra für die Menschen fruchtbar und heilsam sein kann.

Nach dieser besonderen Liturgie begannen wir Frauen, Reis und Fleisch für das Fest und die vielen Gäste vorzubereiten. In der Zwischenzeit führten junge Männer nach Tradition der Bara verschiedene Tänze auf. Auch die Kinder zeigten stolz und begeistert, was die jungen Männer ihnen beigebracht hatten. Dann wurden auf dem Hof Strohmatten ausgebreitet. Jede Familie brachte ihre Schüsseln, Teller und Löffel mit. Einige Männer teilten für alle Gäste das Essen aus. Allen schmeckte es vorzüglich, und alle wurden satt. Am Ende gaben wir den Gästen, die von entfernten Dörfern gekommen waren – wie es bei den Festen der Bara Brauch ist – Reis und Fleisch in Bananenblättern mit für ihre alten Menschen zu Hause, die nicht zum Fest kommen konnten.

Es war wirklich ein gelungenes Fest der Bara. Wie schön auch, dass es noch dazu ein zutiefst christliches Fest war. Sie haben alles mit uns besprochen und dann selbst organisiert. Einmal sagte ich zu den beiden Frauen Volamary und Miza: „Ich habe Bedenken, wie wir so viele Leute bewirten können." Da lachten sie und meinten: „Keine Angst, das bewältigen wir gemeinsam!" Und so war es auch. Am Abend waren wir dann doch sehr müde, aber auch überglücklich. In uns klang noch das schöne Lied nach, das die Leute sangen, als uns Pater Colombi den Segen gab: *„Vonoma aho, Tompo, hiaraka aminao –* Ich bin bereit, dir nachzufolgen, Herr!"

KAVI UND JOANY, UNSERE MITARBEITER
IN DER AMBULANZ

In der neuen Ambulanz war die Versorgung der Kranken natürlich viel leichter. Es war alles viel hygienischer und man hatte genügend Platz. Es gab eine große Veranda, die als Wartesaal diente. Von dort ging man in den Untersuchungsraum. Rechts war ein Depot für die Medikamente und daneben ein kleiner Raum, der als Labor diente. Auf der linken Seite ging es zum großen Behandlungsraum mit folgenden abgeteilten

Bereichen: eine Seite für Verbände, die andere Seite für Spritzen und Infusionen, und ein weiterer Bereich war für die Ausgabe von Medikamenten vorgesehen. Dahinter lag – durch eine eigene Tür getrennt – das Entbindungszimmer mit einem Überwachungsbett. Dann folgte noch ein Anbau mit fünf Betten für Schwerkranke, mit WC und Dusche. Immer mehr Kranke und Leidende kamen zu uns in die Ambulanz. Wir waren total überlastet und brauchten Unterstützung. Also suchten wir geeignete Mitarbeiter zunächst einmal vor Ort. Es gab in Isifotra zwei junge Männer, Familienväter, die lesen und schreiben konnten: Joany, der einzige Bara, der von Pater Elli getauft worden war, und Kavi, der sich gerade eifrig auf die Taufe vorbereitete. Sie waren bereit, bei den Kranken zu arbeiten und hatten auch das Vertrauen der Dorfbewohner. Sechs Monate lang erteilte ihnen Enzo jeden Abend Unterricht in Anatomie, Pathologie, Medikamentenlehre, Hygiene, Verbandslehre und der Arbeit im Labor. So wurden sie zu unseren unentbehrlichen Mitarbeitern in der Ambulanz. Kavi war besonders geschickt bei der Diagnostizierung von Lepra.

Aus dem Dorf Lalovo, das hinter dem Berg im weiten Tal lag, kamen immer wieder Leprakranke. Da machten wir uns eines Morgens zeitig zu Fuß auf, um das Dorf zu besuchen. Unter zwei Mangobäumen wurden der Reihe nach alle Bewohner untersucht. Enzo und Kavi untersuchten die Männer und ich die Frauen. Unter dem Mangobaum blendete das Licht nicht so stark, sodass man dort die Lepraflecken besser unterscheiden konnte. Bis zum späten Nachmittag endeckten wir 16 neue Fälle von Lepra.

FRISCHE EIER FÜR UNSERE GÄSTE

Hilfe brauchten wir aber auch für unseren Garten, für die Enten, Hühner und die Schafe. Pater Mombelli aus Ihosy hatte uns vor einiger Zeit einen Widder und zwei weibliche Schafe geschenkt. Nun bot sich ein etwas älterer, bescheidener Mann an, bei uns zu arbeiten. Er hieß Alfred Tombo. Er wurde unser vierter Arbeiter. Da er ein sehr geschickter Handwerker war, fertigte er einen Hühnerstall an, denn die Hühner vermehrten sich gut. So hatten wir immer Eier, nicht nur für uns, sondern auch für die Kranken und andere arme Menschen. Wenn Pater Razzu oder sonst jemand zu Besuch kam, dann wurde für den Gast ein Huhn geschlachtet. Auch das gehörte zu Alfreds Arbeiten. Der Hühnerstall war ein niedriger, länglicher Lehmbau mit einem Strohdach: in einem Teil lebten die Enten, ein zweiter Teil war für die brütenden Hühner und ein dritter Teil für die restlichen Hühner. Eines Tages kam Alfred zu uns und bat um ein Gespräch. Mit dem Hut in der Hand brachte er seine Bitte vor: Ob es denn möglich wäre, beim Hühnerstall nun einen vierten Teil für ihn selbst anzubauen. Dann könnte er dort schlafen und besser auf die Hühner und Enten aufpassen. Denn er hatte Angst, dass große Schlangen, wilde Katzen oder auch böse Menschen im Hühnerstall Schaden anrichten könnten. Wir waren gerührt von seiner bescheidenen Anfrage, und ich erklärte ihm: „Alfred, du brauchst nicht im Hühnerstall zu schlafen. Wir lassen ganz in der Nähe nach der Art der Häuser im Dorf auch für dich ein Haus bauen, wo du mit deiner Frau wohnen kannst. So ist auch während des Tages immer jemand in der Nähe unseres Hauses, wenn wir nach Ihosy fahren müssen." Alfred war sehr dankbar und froh darüber. Er gehörte wie Bakety zu unseren treuesten Mitarbeitern.

Durch ihn lernten wir auch viele Sprichwörter, die aus dem Zusammenleben mit den Hühnern herrühren. Eines zum Beispiel bringt zum Ausdruck, wie wichtig für die Madagassen die Gemeinschaft ist: „Wenn viele Perlhühner zusammen sind, können sie von einem bösen Hund nicht auseinandergetrieben werden." Ein anderes bezieht sich auf die Dankbarkeit: „Mach es wie die Hühner beim Wassertrinken: Wenn sie auch nur wenig haben, sie schauen zum Himmel und danken." Oder noch ein anderes lernten wir von ihm: „Wenn auch die Hühner nicht intelligent sind, am Abend wissen sie, wo ihr Stall ist." Das heißt, im Leben geht es um das Wesentliche. Und noch ein anderes Sprichwort aus der Welt der Hühner war für uns recht aufschlussreich: „Ein Ei wird nicht mit einem Stein kämpfen." Die Madagassen wollen damit sagen: Wir müssen unsere Grenzen erkennen und auch auf jedes

Wort achten, dass wir aussprechen, denn: „Das Gesprochene ist wie das Ei. Wenn das Küken ausschlüpft, hat es Flügel."

ZENTRUM FÜR TUBERKULOSE-KRANKE

Ende 1997 hatten wir vom Gesundheitsministerium einen dicken Brief mit einer erfreulichen Nachricht erhalten: Ab sofort war unsere Ambulanz zu einem offiziellen Zentrum für die Diagnostizierung und Behandlung von Tuberkulose (TBC) und Lepra erklärt worden. Wir hatten nun also Anspruch auf den Erhalt von Antibiotika zur Behandlung dieser schlimmen Krankheit. Natürlich mussten wir jeden Monat im Ministerium einen Rapport und die mikroskopischen Nachweise abliefern. Außerdem mussten die TBC-Kranken zwei Monate lang bei uns hospitalisiert werden. Einerseits waren wir froh, die TBC-Kranken nicht mehr ins Krankenhaus nach Ihosy schicken zu müssen, denn oft wollten sie dort gar nicht hingehen. Andererseits bedeutete es eine beträchtliche Mehrarbeit für uns, und es stellte sich die Frage: Wo bringen wir all die Kranken nur unter? So schrieben wir wieder einen Bettelbrief an Pater Gregotsch, an unsere Pfarre Altmannsdorf und an die Freunde in Wien und Salzburg. Und Gott sei Dank kam durch die Großzügigkeit unserer Spender in der Heimat wieder grünes Licht für einen einfachen Bau, in dem wir 20 Tuberkulose-Kranke in Zweibett-Zimmern unterbringen konnten. Dieses TBC-Zentrum wurde am 10. September 1998 mit einer schlichten Feier eingeweiht. Die TBC-Kranken wurden fast immer auch von einer Person der Familie begleitet, die für sie kochte und die Wäsche wusch.

Da wir alle im Dorf mittlerweile durch die eigene Bewirtschaftung des geschenkten Ackerlandes zu Selbstversorgern geworden waren, bekamen die TBC-Kranken auch jeden Tag von uns Reis, Eier oder ein Huhn, Gemüse, Bananen oder auch Mango und Pfirsiche. Auch die Leprakranken wurden von uns mit unseren eigenen Nahrungsmitteln versorgt. Wir freuten uns, beobachten zu können, wie die Leute immer kräftiger wurden, bis wir sie wieder nach Hause schicken konnten.

Enzo hatte in einem Jahr 97 neue Leprafälle entdeckt und erfolgreich behandelt. In ihren entstellten Gesichtern war die Freude zu sehen, wenn sie sich von uns nach mehreren Wochen wieder dankbar verabschiedeten. So wurden durch Enzos Einsatz für die Leprakranken Jesu Worte zu dem Aussätzigen noch einmal konkret erfahrbar: „Ich will es, sei rein!"

RENOVIERUNG DER SCHULE VON ISIFOTRA

Im Herbst 1998 brach wieder eine große Heuschreckenplage über das Land herein. Gott sei Dank hatten wir diesmal durch eine große Reserve Reis im Container vorgesorgt, so dass wir der hungernden Bevölkerung rechtzeitig helfen konnten. Mittlerweile hatten die Bara von uns auch gelernt, Maniok als Alternative zu Reis anzubauen. Sie hatten in diesem Jahr bereits viel Maniok gepflanzt. Nun zeigte sich, dass dies eine gute Idee war: der Maniok blieb von den Heuschrecken verschont.

Seit Beginn unseres Aufenthaltes in Isifotra war uns klar, dass wir nicht nur die vielen Krankheiten, sondern auch den Analphabetismus in den Dörfern bekämpfen mussten, denn durch das Fehlen einer Schulbildung war das Volk der Ausbeutung durch korrupte staatliche Behörden und auch dem Betrug von Banden völlig ausgesetzt.

In Isifotra war das Gebäude der öffentlichen Schule eine völlige Ruine. Das Wellblechdach war zum Großteil abgetragen, der andere Teil flatterte im Wind. Die Tür und die Fensterläden fehlten, ebenso der Tisch und die Wandtafel. Als einzige Einrichtung in diesem desolaten Raum war noch eine Sitzbank vorhanden. Der Lehrer war kaum zu sehen. Er hielt sich die meiste Zeit in Ihosy auf, wo er sein Gehalt abholen konnte. Die Arbeitsmoral der Lehrer in diesen weit abgelegenen Dörfern war überhaupt sehr niedrig. Die meisten von ihnen waren Strafversetzte aus dem Norden des Landes. Sie waren nicht wirklich motiviert, die Kinder in der Bergregion zu unterrichten.

Deshalb konnten die meisten Kinder nicht einmal ihren Namen schreiben. Wenn an seltenen Tagen der Unterricht stattfand, brüllten die Kinder: A, BI, DI. Und das war es auch schon. Natürlich wussten auch die Dorfbewohner um dieses Problem, aber sie hatten keine Möglichkeit, die Situation zu ändern. Sie waren dem Lehrer ausgeliefert, der noch dazu von ihnen Reis für sein Nichtstun verlangte.

So besprach Enzo eines Tages dieses Problem mit Tala, dem Chef des Dorfes, und auch mit den Dorfältesten Dida, Banay und Rebony sowie mit unserem Katechisten Lucien, der für seine Kinder bereits vorgesorgt hatte und sie durch Pater Razzu bei den Barmherzigen Schwestern in ihrer privaten Schule von Ranotsara gut unterbringen konnte.

Wir waren bereit, für die Reparaturen der öffentlichen Schule von Isifotra aufzukommen. Aber dazu brauchte man die Erlaubnis der staatlichen Direktion für Unterricht (DIDEC) in Ihosy. Bei nächster Gelegenheit nahm Enzo die Männer mit zu DIDEC. Sie trugen das Problem den Leuten vor und suchten um eine Genehmigung für die Renovierung der Schule an. Die Männer von Isifotra wollten auch einen anderen Lehrer. Die Behörde gab uns die Erlaubnis für die Renovierung der Schule. Doch sie erfüllte nicht unseren Wunsch, einen neuen Lehrer nach Isifotra zu schicken.

Also begannen wir gemeinsam mit den Männern vom Dorf die Schule zu renovieren. Wir kauften neue Bänke, Tische und eine Wandtafel in der Tischlerei der Diözese in Ihosy. Für die Finanzierung der Einrichtung kam Pepi Kirchner aus meiner Heimatpfarre Bramberg auf. Er war mit seiner Frau Brigitte und seiner Schwester Adele in Isifotra zu einem Kurzbesuch, und sie waren von den Menschen und unserer Missionarbeit sehr beeindruckt. Übrigens gehörte diese Familie immer zu den großzügigen Spendern.

Bald war die bescheidene Schule fertig renoviert und bereit für den Unterricht. Aber nun war auf einmal der Lehrer verschwunden. Wir waren darüber gar nicht so enttäuscht nach all den Problemen, die wir mit dem Lehrer zuvor hatten. Also fing unsere Suche nach einem guten und verlässlichen Lehrer wieder von Neuem an. In Ihosy fanden wir schließlich einen braven, jungen Lehrer namens Bienaimé, der bisher für eine Privatschule der Diözese tätig war. Er kam gerne nach

Isifotra. Wir hatten Gott sei Dank auch ausreichend Spendengelder erhalten, um sein Gehalt bezahlen zu können.

Die Freude der Kinder an einem guten Unterricht dauerte leider nicht lange. Denn als Privatlehrer war es Bienaimé von DIDEC untersagt, in einer öffentlichen Schule zu unterrichten. Die Leute von Isifotra ließen sich jedoch nicht entmutigen. Also stellten sie die größte Hütte im Dorf für den Unterricht zur Verfügung. Sie nahmen die Tische, Bänke und Wandtafel von der öffentlichen Schule einfach mit und stellten sie in ihre Hütte. Bienaimé unterrichtete begeistert und war bei den Kindern sehr beliebt. Die Eltern schickten eifrig ihre Kinder in die Schule. Für die Bara war dies keine Selbstverständlichkeit, denn statt ihre Kinder in die Schule zu schicken, brachten sie den Buben von klein auf bei, wie man die Rinder bewacht und betreut und wie man die Spur eines Rinder-Diebstahls verfolgen kann. Nun waren jedoch die Bara in Isifotra stolz, dass ihre Buben die Schule besuchen konnten und dies sogar auch gern taten.

Die Menschen von Isifotra sind stolz auf ihre kleine „Privatschule", die sie im größten Haus des Dorfes provisorisch eingerichtet haben. Bienaimé, der neue Lehrer, ist sehr beliebt bei den Kindern. Enzo unterstützt den jungen Lehrer beim Unterricht.

Freilich war der Unterricht in der Hütte keine Lösung auf Dauer. Eines Abends bei einer Versammlung im Haus von Tala sprach Enzo die Möglichkeit einer katholischen Privatschule an. Er meinte, dass bei der Finanzierung vielleicht wieder FID helfen könnte. Die Männer waren begeistert von der Idee. Sie nützten gleich die Gelegenheit, die Vertreter von FID zu fragen, ob sie bei der Errichtung einer Schule helfen könnten. Die Herren von FID konnten sich bereits während der Einweihung der Ambulanz selbst ein Bild von der Notwendigkeit einer Grundschule machen, als sie die vielen Kinder bei der großen Feier herumlaufen sahen. Sie versprachen, unsere Bitte an die Verantwortlichen der Organisation weiterzuleiten. Und tatsächlich erreichte uns zur großen Freude des Dorfes nach ein paar Monaten eine positive Nachricht. FID war bereit, uns wieder zu unterstützen. So begann eine bedeutende Entwicklung der ganzen Region rund um Isifotra. In Zukunft sollten nun auch die Kinder der umliegenden Dörfer Beadabo, Amboakitzy, Morahariva, Mahasoa, Ambinany in Isifotra zur Schule gehen können. Mit dem Bau dieser privaten Schule mussten wir uns aber noch eine Weile gedulden.

Fünf junge Männer aus Isifotra hatten sich gewünscht, in Ihosy eine Ausbildung in den Bereichen Tischlerei und Landwirtschaft zu machen. Die Diözese bot den Burschen die Möglichkeit einer solchen Ausbildung an, auch wenn sie kaum lesen und schreiben konnten. Sechs Monate verbrachten sie daraufhin in Ihosy. Schließlich war ihre Ausbildung auch für das ganze Dorf von Vorteil, denn nun konnten auf einmal Tische und Bänke für die Schule in Isifotra selbst gefertigt werden. Als Belohnung erhielten die Burschen von uns nützliche Werkzeuge.

Mittlerweile war am 2. Jänner 1999 ein neuer Bischof für die Diözese Ihosy ernannt worden. Und so nützten wir gleich die Gelegenheit, um bei Bischof Philippe Ranaivomanana um die Erlaubnis für die Errichtung einer katholischen Privatschule in Isifotra anzusuchen. Gerne gab er sein Einverständnis und versprach auch, uns bald einmal in Isifotra zu besuchen.

EIN KROKODIL UND EIN LEBENDIGES „JESUSKIND" ZU WEIHNACHTEN

In der Ambulanz gab es jeden Tag viel Arbeit. Oft waren wir auch bis in die Nacht hinein beschäftigt. Selbst zu Weihnachten hatten wir es einmal mit einem sehr schweren Fall zu tun. Am 24. Dezember 1998 gegen zwei Uhr Mittag brachten Männer einen Mann in die Ambulanz. Sie trugen ihn, in ein Tuch gewickelt, auf einer Stange. Er war von einem Krokodil angegriffen worden. Der Mann schrie vor Schmerzen. Sein rechtes Bein war total zerfetzt, blutüberströmt und noch voll Schlamm aus dem Fluss. Sofort begann Enzo, das Bein mit einer Lösung von Permanganat vorsichtig zu säubern. Glücklicherweise waren die großen Nerven noch intakt. Nach der Verabreichung einer lokalen Anästhesie nähte Enzo die Muskeln des Verletzten wieder zusammen. In der Zwischenzeit gab ich dem armen Mann ein Anti-Tetanus-Serum und eine Infusion mit Antibiotika. Nach einem Monat konnte er wieder zu Fuß nach Hause gehen. Das war das schönste Weihnachtsgeschenk für uns.

Diesen Heiligen Abend des Jahres 1998 werden wir nicht mehr so schnell vergessen, nicht nur wegen des Krokodils, das den armen Mann verletzte. Der eigentliche „Star" des Abends war ein lebendiges „Jesuskind", das 14 Tage zuvor geboren worden war: *„A star was born"*, sangen die Kinder fröhlich und führten auf dem Hof vor der Kirche ein Krippenspiel auf. Ein Junge trug ein Lämmlein auf seinen Schultern zur lebenden Krippe, bei der neben dem Jesuskind in den Armen Marias auch Joseph und ein Rind nicht fehlen durfte. Ein anderes Kind las gleichzeitig feierlich das Lukasevangelium von der Geburt Christi vor.

Sogar zu Weihnachten muss Enzo für Notfälle bereit stehen. Einmal bringen zwei Männer einen schwerverletzten Mann auf einer Stange zur Ambulanz. Ein Krokodil hat ihm das rechte Bein zerfetzt.

Zu Weihnachten führen die Kinder von Isifotra ein Krippenspiel mit einem lebendigen „Jesuskind" auf. Das Baby ist der eigentliche „Star" des Heiligen Abends. Ein unvergess- liches Erlebnis für Enzo und Elisabeth.

Nachdem Enzo und ich unsere Arbeit bei den Kranken an diesem Tag rechtzeitig beendet hatten, konnten auch wir bei der schlichten Aufführung des Krippenspiels dabei sein. Es war rührend zu sehen, mit welcher Hingabe die Jugendlichen die Geschichte der Geburt Jesu nachspielten.

Um neun Uhr abends begann, wie auch die Jahre zuvor, der Weihnachts-Wortgottesdienst. Die Mädchen hatten am Vormittag eine kleine Weihnachtskrippe aufgebaut sowie mit Blättern des Mangobaums eine Girlande gebastelt und damit die Kirche geschmückt. Nach dem Gottesdienst teilten einige Frauen an alle in der Kirche Bonbons aus, was bereits zur Tradition gehörte, seitdem wir in Isifotra lebten.

Bei unserer großen „Christen-Familie" durfte das gemeinsame Festessen am Christtag nicht fehlen. Alfred sorgte dafür, dass ein besonders großer Widder aus unserem Stall zum Schlachten bereit war. Auch das gehörte zu Alfreds und Enzos Aufgaben. Also waren alle nach dem Gottesdienst am Christtag im Dorf zum Essen eingeladen, bei dem es Lamm und Reis gab.

ENTFALTUNG EINER PASTORAL
FÜR DIE BARA

Mit dem Wohlergehen der Dorfbewohner entfaltete sich auch der katholische Glaube in Isifotra immer mehr. Das Wirken des Heiligen Geistes war richtig spürbar. Immer mehr Bara interessierten sich für den katholischen Glauben. Viele kamen zweimal in der Woche nach dem Abendgebet zum Katechismus-Unterricht, den Enzo für die Erwachsenen unter einem Mangobaum hielt. Parallel dazu unterrichtete auch unser Katechist Lucien die jungen Burschen und ich die 10- bis 14-jährigen Mädchen. Während der Woche kamen 20 bis 30 Männer und Frauen zum Morgen- und Abendgebet in die Kirche, und am

Sonntag war die Kirche oft zu klein, weil auch Taufanwärter aus den umliegenden Dörfern zu uns kamen.

Elisabeth Caruso auf Besuch bei Lucien und seiner Frau Celestine. Während Enzo für die Erwachsenen Katechese hält, bringt Lucien den jungen Burschen und Elisabeth den jungen Mädchen den christlichen Glauben näher.

Enzo war wieder beauftragt, den Wortgottesdienst zu leiten und den bereits Getauften die heilige Kommunion zu spenden. Dabei wurde er von Lucien, Kavi und Joany bei den Vorbereitungen des Gottesdienstes unterstützt. Lucien las meist die erste Lesung und am Ende des Sonntagsgottesdienstes auch die diversen Verlautbarungen der bevorstehenden Woche. Er war kein Bara, sondern ein Antaifasy, der vor vielen Jahren mit seiner Familie von der Ostküste weg nach Isifotra gezogen war. Hier erwarb er Reisfelder und Rinder, was manchmal auch zu Streitigkeiten führte. Er meinte es ernst mit seinem Glauben, aber trotzdem konnte er das Vertrauen der Bara nicht richtig gewinnen. Es war nicht einfach, gute Katechisten zu finden, die die

Eigenart der Bara verstanden und den christlichen Glauben in ihre Kultur übersetzen konnten.

Enzo war hingegen fasziniert vom Ahnenglauben der Bara. Mit der Zeit wusste er immer mehr über die Kultur und das Leben der Bara. Er beherrschte auch ihren Dialekt und konnte ihnen daher gut die christliche Frohbotschaft nahebringen, und sie konnten diese mit tiefer Ehrfurcht annehmen.

Erstaunlicherweise waren für die Bara auch der Sinn und die Gnade der Sakramente nicht schwer zu verstehen. Dabei half ihnen ihr Brauch, dass beim Opfern eines Rindes die ganze Familie mit einbezogen wird. Es bringt Segen für alle. Kann ein Familienmitglied nicht dabei sein, so wird dem Abwesenden ein Zeichen des Opfers geschickt. Ein „Zeichen", das bei den Bara in Isifotra üblich ist, wird *Osikary* genannt. Das heißt, es wird ein Stück glühende Kohle – vom Feuer, mit dem sie das gemeinsame Essen vorbereiten – in das „Segens-Wasser" (das Wasser, das mit Blut des geopferten Rindes vermischt wird) getaucht. Die Kohle trocknet schnell, wird dann zerrieben und an die nicht anwesende Person verschickt. Kommt das „Zeichen" des Opfers an, darf auch der Abwesende auf den Segen des Opfers vertrauen.

Aufgrund dieses Opfer-Gedankens konnte Enzo den Bara auch den christlichen Glauben an das einzigartige Opfer Christi erklären. Dadurch konnten sie die Bedeutung des Sakraments der Eucharistie besser verstehen: Durch das Opfer des Sohnes Gottes kommt uns in der Eucharistie hier und jetzt göttliche Gnade und göttliches Leben zugute. Das geschieht auch im Sakrament der Versöhnung.

Der Gedanke, dass sich Jesus, Gottes Sohn, selbst anbot, Opfer für uns zu sein, um uns zu erlösen, war für die Bara in Isifotra überaus erschütternd und tröstlich zugleich. Tsidika, ein alter *Lonaky*, den Enzo in seiner Hütte in Mahasoa besuchte, weil er krank war, begann bei dieser Katechese zu zittern und zu weinen. Die große Liebe Gottes zu den Menschen überwältigte ihn.

So wurde für die Bara die Frohbotschaft in vielen Stellen der Heiligen Schrift, wie zum Beispiel bei den Gleichnissen vom verlorenen Schaf – Enzo sprach lieber vom „verlorenen Rind", weil es für die Bara so eine wichtige Bedeutung hat – oder dem Gleichnis vom verlorenen

Sohn, zutiefst erfahrbar. Der Heilige Geist wirkte bereits, und das Erlösungswerk Christi war unter den Bara lebendig zu spüren.

Wieder stand das große Fest der Osternacht bevor. In der Fastenzeit bereiteten wir uns auf die Feier der Karwoche vor. Pater Elli kam nach Isifotra, um mit uns Ostern zu feiern. In jenem Jahr 1998 wurden zehn ältere Bara während der Auferstehungsliturgie getauft, darunter auch Tsidika und seine Frau Soatsara. Sie waren die „Patriarchen" einer großen Familie in Mahasoa, einem Dorf, das 90 Minuten von Isifotra entfernt ist. Für die Feier der Taufe in der Osternacht kam die Familie von Tsidika und Soatsara zu Fuß nach Isifotra. Auch danach kamen die beiden noch regelmäßig zur heiligen Messe, solange ihre körperliche Verfassung es zuließ.

RINDERDIEBSTAHL — EIN BELIEBTER „SPORT" IN MADAGASKAR

Leider gab es nicht nur erfreuliche Ereignisse in unserem Dorf. Eines Nachts wurden wir von einem lauten Geräusch geweckt. Ein Bara blies stark ins Horn. Es bedeutete, dass etwas Ernstes im Dorf geschehen war. Alle Leute liefen zusammen und erfuhren, dass die Rinder von Morahariva, einem kleinen Ort in der Nähe von Isifotra, gestohlen worden waren. Man wusste bereits, dass die Spur der Täter südwestlich über die Berge ging. Die schnellsten und stärksten Männer nahmen ihre Lanzen, machten sich auf und schnitten den Rinderdieben den Weg ab. Andere Männer liefen in die umliegenden Dörfer. So konnten die Diebe eingekreist werden. Inzwischen beteten wir mit den Frauen in der Dorfkirche, damit es zu keinem Gemetzel komme. Denn normalerweise waren diese Banden bewaffnet. Als die Diebe erkannten, dass es für sie keinen Ausweg gab, flohen sie und ließen die Rinder stehen. So kamen am Abend die Männer unverletzt mit den Rindern ins Dorf zurück. Die Erleichterung zeichnete sich auf allen Gesichtern ab. Alle dankten *Zanahary* und besonders auch Jesus, dem guten Hirten, für den gewährten Schutz.

Dieser Überfall war leider nicht der einzige in der Gegend. Im Laufe der Jahre wiederholten sich diese Vorkommnisse noch öfter, manchmal auch mit sehr schlimmen Folgen. Rinderdiebstahl ist in Madagaskar ein beliebter „Sport". Eigentlich handelt es sich hier um ein organisiertes Verbrechen, wobei die Diebe vor nichts zurückscheuen. Bei einem Überfall gab es mehrere Verletzte, einer sogar mit Schädelfraktur. Enzo brachte ihn noch in der Nacht nach Ihosy ins Spital, wo er nach einigen Tagen verstarb. Ein anderes Mal wurden in einem von Isifotra 15 Kilometer entfernten Dorf sogar zwei Hirten umgebracht, vier schwer verletzt und 75 Rinder gestohlen. Niemand verhalf danach den Bewohnern dieses Dorfes zu ihrem Recht, die Rinder zurückzufordern.

ZWEI UNANGENEHME BESUCHE

Im Juli 1998 kam Pater Zbychek aus Fianarantsoa auf Kurzbesuch nach Isifotra. Er gab keinem der Bewohner die Hand und war alles andere als freundlich gestimmt. Er hatte wenig Zeit, suchte nach Enzo und mir und erklärte uns den Grund seines Besuchs: Eine polnische Ärztin, etwa 50 Jahre alt, geschieden, sollte bald nach Isifotra kommen, um mit uns in der Ambulanz zu arbeiten. Wir waren von dieser Nachricht nicht gerade begeistert, denn sie würde ja auch einen Dolmetscher brauchen. Pater Zbychek meinte, das sei überhaupt kein Problem. Er würde in Fianarantsoa sofort jemanden finden. Außerdem seien doch noch zwei freie Zimmer in unserem Haus. Die Vorstellung, dass nun diese Ärztin bei uns einziehen würde, freute uns ganz und gar nicht. Wir erklärten Pater Zbychek, dass wir diese beiden Zimmer mit viel Mühe für andere Zwecke gebaut hatten. Und wer sollte nun kochen? Enzo und ich begnügten uns mit ganz einfachen Speisen, wie die Leute hier. Im Ort gab es ja kein Lebensmittelgeschäft, und wir konnten unmöglich zum Einkaufen immer nach Ihosy fahren. Ich erklärte ihm, Enzo hätte nun wirklich anderes zu tun, als sich um diese Ärztin zu kümmern. Ich sah schwarz und sprach mich gegen das Angebot von Pater Zbychek aus. Doch der Pater war über meinen Einwand sehr verärgert.

Im September 1998 kam Pater Stefan Szymoniak, der neue Superior der Kamillianer in Fianarantsoa, mit zwei Seminaristen nach Isifotra. Sie waren Novizen der Kamillianer und sollten nun einige Zeit bei uns bleiben, um in der Mission mitzuarbeiten.

Am Abend, als wir mit Pater Stefan allein waren, fing er an, uns zu kritisieren. Es sei nicht unsere Aufgabe und Kompetenz, Katechese-Unterricht abzuhalten, den Wortgottesdienst zu leiten und eine Schule zu bauen. Wir seien nur Laien-Missionare der kamillianischen Familie und hätten uns lediglich um die Kranken zu sorgen. Sie, die Kamillianer in Fianarantsoa, seien unsere Vorgesetzten. Deshalb hätten wir auch die Ärztin aus Polen anzunehmen. Enzo blieb ganz ruhig und hörte sich seine Kritik an. Dann sagte er zu Pater Stefan: „Wir werden schon sehen, ob sie wirklich kommt. Es hat ja noch Zeit!"

Das stolze Gehabe dieser geistlichen Herren verwunderte uns sehr. Wenn wir in ihrem Haus in Fianarantsoa übernachteten, bezahlten wir jedes Mal für die Nacht, und sie fragten uns nie, wie es uns geht. Und nun, wo wir alles aufgebaut hatten, waren sie auf einmal die „Chefs". Aber wir überließen die Sache unserem wahren „Chef": Jesus Christus.

Eine Woche nach dem Besuch bei uns, kehrte Pater Stefan wegen der Diagnose Lungenkrebs nach Polen zurück. Uns tat es leid, dass er schwer erkrankte, aber somit war das Problem mit der Ärztin aus Polen erst einmal wieder vom Tisch. In Fianarantsoa erwartete man die Visitation des Generalsuperiors der Kamillianer aus Rom. So hatte Pater Zbychek anderes zu tun, als sich um die polnische Ärztin zu kümmern.

DER AUFENTHALT DER ZWEI NOVIZEN

Mit den zwei Seminaristen Albert und Christian, die gerade aus Burkina Faso zurückgekommen waren, wo sie einen Teil ihres Noviziates verbracht hatten, verstanden wir uns sehr gut. Man spürte, dass sie gut gewillt waren. Wir beteten, arbeiteten und aßen gemeinsam mit ihnen. Und sie meinten, es sei alles so, wie sie es in Burkina Faso gewohnt waren.

Aufgrund der Spannungen, die es leider seit einiger Zeit bei den Kamillianern in der Diözese Fianarantsoa gab, überlegten beide Novizen, den Orden wieder zu verlassen. Wir ermutigten sie, nicht so schnell aufzugeben und rieten ihnen, viel zu beten und nach reiflicher Überlegung dem Generaloberen, Pater Frank Monks, alles zu sagen, was sie bedrückte. So geschah es auch. Albert brachte es dann wirklich bis zur Priesterweihe, und wir stehen bis heute mit ihm in gutem Kontakt. Christian hingegen verließ den Orden der Kamillianer, was wir natürlich sehr bedauerten.

GETRÜBTE ATMOSPHÄRE IM DORF

Die Frauen versammelten sich jeden zweiten Samstag Nachmittag mit mir unter dem großen Mangobaum oder wenn es regnete in der Kirche. Wir hatten eine Art Frauenkomitee gegründet und sprachen bei diesen Treffen über die Probleme im Dorf, über Hygiene, Erste Hilfe und andere dringende Fragen. Die Frauen bekamen auch Stoff und Nähzeug, um eine Schultasche und ein Hemd für die Kinder zu nähen. Bory, eine junge Frau, die wir einige Zeit nach Ihosy zu einer Schneiderlehre geschickt hatten, schnitt die Stoffe zu und gab Anweisungen zum Nähen. So waren die Kinder in der Schule ordentlich und sauber gekleidet und somit der ganze Stolz der Mütter.

Aber dann erhielten wir fast kein Schulgeld vom Lehrer-Ehepaar. Als ich sie deswegen ansprach, meinten sie, dass die Eltern nicht zahlen würden. Ich bat um die Liste, und bei Gelegenheit fragte ich bei den Leuten nach. Fast alle versicherten mir, schon bezahlt zu haben. So wuchs das Misstrauen zwischen uns und dem Lehrer-Ehepaar. Eleonore, die Lehrerin, verlangte immer wieder Geld im Voraus. Als es uns langsam zu viel wurde, sagte ich ihr, dass sie die Gehälter erst Ende des Monats bekämen, denn vier Monatsgehälter hatten sie ja schon im Voraus erhalten. Zornig knallte sie die Türe zu und ging weg. Wir spürten, dass sich das Klima im Dorf immer mehr verschlechterte. Von einigen Leuten erfuhren wir, dass die Lehrer Schlechtes über Enzo und mich erzählten. So kam es immer mehr zu einer Spaltung im Dorf. Den Lehrern gelang es leider, das Vertrauen einiger Familien zu erlangen und sie gegen uns und die anderen im Dorf aufzuhetzen. Diese Familien traten dem Lehrer-Ehepaar einige Reisfelder ab und bebauten sie dann für sie. Auch die Wasserkanäle, die für die Reisfelder anderer gebaut wurden, leiteten sie in ihre Felder um, was zu Streitigkeiten führte. Von einem alten Mann, dem es schon sehr schlecht ging, erschlichen sie sich ebenfalls Reisfelder, weil ihm Eleonore einige Male gekochten Reis brachte. Da jedoch die Lehrer im Dorf als Funktionäre und Respektspersonen angesehen waren, wagten es die Leute nicht, sich zu beklagen. Außerdem ging der Unterricht pünktlich vonstatten. Dafür sorgte auch Enzo, der mehrmals in der Woche auftauchte, um einen freundlichen „Besuch" in der Schule abzustatten. Wir versuchten im Verkehr mit den Lehrern so gut es ging korrekt zu sein, ja sogar freundlich. Es ging ja um Wesentliches: die Schule, die Kinder. So fand das Schuljahr 1999/2000 doch noch einen guten Abschluss.

Mit Schulbeginn 2000 kamen noch zwei weitere Lehrer hinzu, die wir selbst auswählen konnten. Eine junge Frau kam von der Ostküste zu uns. Ihr Mann hatte in Isifotra einen kleinen Laden aufgemacht. Ihr Benehmen empfanden wir als vertrauenswürdig und freundlich. Schließlich kam noch ein Lehrer aus Ambalavao mit Frau und Kindern hinzu. Auch sie fühlten sich bald wohl in Isifotra. Aber wir spürten, dass die neuen Lehrer etwas Abstand vom Lehrer-Ehepaar hielten. Andererseits vertrauten sie Enzo und mir, und spürten, dass wir ihnen Halt und Sicherheit gaben. Auch die Leute im Dorf nahmen die neuen Lehrer freundlich auf. Dies wirkte sich positiv auf die Schule und die Stimmung im ganzen Dorf aus.

TAUFE VON 41 ERWACHSENEN
IN DER OSTERNACHT

Als ein besonders schönes Ereignis erlebten wir das Osterfest im Jahr 1999. Mit einem wirklich ernsthaften Bemühen und mit großer Freude hatten sich 41 erwachsene Bara zwei Jahre lang im Katechumenat auf die Taufe vorbereitet. Enzo hielt die Katechesen für die Männer und ich für die jungen Frauen. Nun stand das große Fest der Auferstehung und ihrer Taufe bevor. Wieder feierte Pater Elli mit uns die Karwoche und das Osterfest. Es lag auch in seinem Interesse, nach Isifotra zu kommen, denn es war das erste Dorf der Bara, das den katholischen Glauben wirklich mit dem Herzen annahm.

In dieser Osternacht sang Enzo das *Exsultet* nach einer madagassischen Melodie. Alle sangen begeistert mit und ließen sich von den Trommelrhythmen mitreißen. Zum Schluss der Feier ging Pater Elli zu Enzo, umarmte ihn und weinte. Auch ich weinte, als ich die Begeisterung meiner Mädchen sah, mit der sie ihr „ich glaube" sagten.

Die Zahl der Katechumenen in Isifotra und in der ganzen Umgebung nahm immer mehr zu. Sie besuchten auch eifrig die Kirche in Isifotra, die bald nicht mehr alle fassen konnte. So entschlossen wir uns gemeinsam mit der Bevölkerung, eine größere Kirche zu bauen. Pater Razzu legten wir das Vorhaben vor. Er gab sofort sein Einverständnis, gab aber zu verstehen, dass weder die Diözese noch er das Projekt finanziell unterstützen könne. Die Spendengelder auf dem Konto brauchten wir für die Schule, die Ambulanz und die Angestellten. So mussten wir selber fest anpacken. Glücklicherweise befand sich auf unserem Privatkonto in Wien doch noch etwas Geld, das wir mit tiefer Freude für die Kirche in Isifotra hergaben. Wir hofften, dass Gott weiter sorgen wird!

EIN LEHRER-EHEPAAR FÜR
DIE NEUE SCHULE

Die Leute von FID schickten Ende Februar 1999 eine kleine Baufirma aus Fianarantsoa zu uns. Die Firma war für den Bau der privaten Schule verantwortlich. Die Arbeiten gingen zügig voran, sodass im Herbst 1999 der Unterricht in zwei Klassen beginnen konnte. In der Zwischenzeit unterrichtete Bienaimé mit großem Eifer in unserem provisorischen Schulgebäude.

In der neu errichteten Schule galten andere Vorschriften als in den öffentlichen Schulen von Madagaskar. Die Maristen-Schulbrüder waren mit der Leitung der neuen Schule beauftragt, die zur Diözese von Ihosy gehörte. Die Schulbrüder waren auch für den Lehrplan zuständig. Sie stellten also ein Ehepaar aus Fianarantsoa als Lehrer für unsere Schule an. Der verantwortliche Schulbruder, ein Madagasse, kam schon zwei Monate vor Schulbeginn zu uns nach Isifotra, um alles anzuschauen und mit uns zu besprechen. Die Gehälter, die Unterkunft für die Lehrer und der Kauf des Schulmaterials gingen auf unsere Kosten. Die Eltern der Kinder mussten, wie in allen Schulen der Diözese, ein Schulgeld bezahlen. Doch wir drückten den Preis so gut es ging nach unten, denn die Familien waren so arm, und manche hatten ja auch drei Kinder oder mehr, die zur Schule gehen wollten.

Die Lehrer würden zwei Monatsgehälter im Voraus verlangen, weil sie drei Kinder in Fianarantsoa zu versorgen hätten und außerdem noch für ihren Aufenthalt in Isifotra Einkäufe tätigen müssten, teilte uns der Bruder mit. Wir sollten auch die Reise des Ehepaars finanzieren. Das war ja alles irgendwie verständlich, aber wir waren trotzdem etwas erstaunt. Gott sei Dank hatten wir noch etwas Geld aus Österreich, und so gaben wir ihm die Summe, die nicht klein war, mit. Wir fügten sogar noch etwas mehr als „Willkommensgruß" hinzu. Der Bruder sprach in hohen Tönen vom Lehrer-Ehepaar. Sie seien keine Bara, sondern Betsileo, darüber hinaus sehr vertrauenswürdig und christlich gesinnt.

Die neue Privatschule von Isifotra wird mit Spenden aus Österreich finanziert. Das große Gebäude umfasst sechs Klassenzimmer. Die Schule ist begehrt. Bald sind es 110 Kinder, die dort den täglichen Unterricht besuchen können.

Der Schulbeginn rückte näher, der Schulbau war fertig, aber die Lehrer kamen erst mit ein paar Wochen Verspätung. An einem späten Nachmittag trafen sie ein, bepackt mit zwei kleinen Taschen. Wir hießen sie willkommen, gaben ihnen zu essen und wollten ihnen ihre Unterkunft in der Nähe der Schule zeigen. Doch unsere Überraschung war groß, als sie uns zu verstehen gaben, dass sie weder einen Kochtopf, noch Reis, noch Teller, noch Decken, geschweige denn Petroleum oder Kerzen mitgebracht hatten. Sie verlangten dies alles von uns und dazu noch ein Monatsgehalt. Wir erklärten ihnen, dass wir dem Bruder Geld für alle diese Besorgungen mitgegeben hatten und sogar noch etwas mehr. Aber das half alles nichts. Statt sich zu bedanken, betonten sie immer wieder: „Wir brauchen das zum Leben, wir haben nichts!" Es blieb uns nichts anderes übrig als nachzugeben. Der Schulanfang mit solchen Lehrern war leider etwas getrübt.

Wir stellten den Dorfältesten und auch den Eltern der Schulkinder das Ehepaar vor. Über die unangenehme Sache des Geldes schwiegen wir. Den Eltern erklärten wir die Sache mit dem Schulgeld. Wir vereinbarten, dass sie das Geld dem Lehrer geben würden. Der trug es in eine Liste ein und überreichte es uns dann. Da nun im Herbst die Zeit der Reisernte schon vorüber war, hatte ein jeder etwas Geld zum Bezahlen.

Das Schuljahr 1999/2000 begann mit einem Wortgottesdienst für die Schüler, an dem auch die Eltern teilnahmen. Danach hießen wir die Kinder in der Schule willkommen. Leider spürten wir, dass sich die beiden Lehrer den Eltern gegenüber sehr kühl und erhaben benahmen. Der Unterricht richtete sich nach dem Lehrplan der Diözese, der korrekt umgesetzt wurde. Die Kinder lernten brav und kamen auch sauber gekleidet in die Schule.

BAU UND EINWEIHUNG DER KIRCHE
„JESOA MPANJAKA"

In Ihosy fanden wir einen Baumeister, der mit drei Arbeitern nach Isifotra kam. Den Rest machten die Männer von Isifotra selbst. Die Ziegel wurden im Dorf gebrannt, die Steine wieder aus dem Tal geholt und zu Schotter geklopft. Besonders viel Mühe bescherte uns ein Granitblock, der als Altartisch dienen sollte. Ihn auf ein Auto zu laden, war unmöglich. So plagten sich Enzo und viele Männer einen ganzen Tag lang, den Granitblock mit Stricken und Holzstöcken aus dem Tal zu schleppen und dann zu bearbeiten. Es war ergreifend zu sehen, wie sich diese einfachen Menschen bemühten, den Altartisch schön zu gestalten. Wir durften auch ein paar Bäume in der Umgebung fällen und das Holz für die Kirchenbänke verwenden. So leisteten die Männer viel und stellten auch eigenes Baumaterial zur Verfügung.

Freilich entstanden noch viele andere Kosten durch die Beschaffung von Zement, Fenstern, Türen, einem Dach und dem Glockenturm. Schließlich bekamen wir auch noch eine Glocke mit einem wunderschönen Klang, der weit über das Land zu hören war. Wir mussten auch den Baumeister, der allerdings kaum zu sehen war, und seine drei Arbeiter noch bezahlen. Wie froh waren wir, dass unsere Ersparnisse für all diese Ausgaben ausreichten.

Wie ein roter Faden zog sich durch Enzos Katechesen immer wieder der Gedanke: „Jesus ist unser König. Er schenkt uns göttliches Leben und macht uns zu Kindern und Erben Gottes." Daher wollten wir auch die neue Kirche am Christkönigsfest einweihen. Das Datum dieses Kirchenfestes, das eine Woche vor Beginn des Advents, am letzten Sonntag des liturgischen Jahreskreises gefeiert wird, erinnerte uns auch an ein wichtiges Ereignis des gregorianischen Kalenders: Das alte Jahrtausend neigte sich bereits dem Ende zu. Auch für Bischof Philippe Ranaivomanana war dies der einzig freie Termin. Pater Razzu allerdings befand sich leider gerade in Italien auf Urlaub. Dafür kamen Pater Elli, Pater Visca, Pater Olivier und Pater Grimaldi zur Einweihung.

Sehr sorgfältig bereiteten Enzo, Lucien, der Katechist, sowie auch Joany und Kavi die Liturgie für dieses große Fest vor. Schon Wochen zuvor begannen sie, beim Sonntagsgottesdienst und auch während der Katechese den Sinn jeder liturgischen Handlung zu erklären, passende Lieder auszusuchen und zu proben. Soweit es möglich war, ließ Enzo auch einige Bräuche des Ahnenglaubens, sogenannte *Fomban-drazana*, in die Liturgie mit einfließen. Aus jeder Familie sollten wenigstens zwei Personen in die Liturgie mit einbezogen werden. Es ging ja um ihre Kirche, die eingeweiht werden sollte. Gemeinsam hatten sie daran gebaut. Dadurch entstand nicht nur das Gebäude, sondern auch eine wirkliche Gemeinschaft unter den Menschen, die sich zu Christus, dem König, bekannten. Dieses gemeinsame Wirken machte wieder erfahrbar, dass letztendlich die gläubigen Christen die wahre Kirche sind.

Pater Elli kam schon zwei Tage vor dem Fest zu uns, sodass wir mit ihm nochmals alles besprechen konnten. Er zeigte sich äußerst zufrieden mit der Vorbereitung. Am Samstag, dem Vortag des Festes, traf am Nachmittag auch der Bischof ein. Die Bevölkerung bereitete ihm einen herzlichen Empfang. Nach einem kräftigenden Abendessen gingen alle in die Kirche: Dort feierten wir die Vesper. Danach folgte noch eine Zeit der Anbetung mit Liedern und eine gesungene Litanei, die von uns Frauen vorbereitet worden war. Am Ende trugen Männer und ein paar Jugendliche noch ein paar spontane Fürbitten vor. Die Andacht dauerte bis elf Uhr Nacht. Bischof Philippe meinte danach: „Ich habe schon mehrere Kirchen eingeweiht, aber so etwas Schönes habe ich noch nie erlebt. Hier gibt es wirklich einen lebendigen Glauben."

Am nächsten Tag, dem Christkönigsfest, brachten einige Männer frühmorgens das Rind für das *Tata*-Opfer in den Ort, wie es vor jedem großen Ereignis der Bara Brauch ist. Die Leute vom Dorf und von den umliegenden Dörfern fanden sich ein, auch der Bischof und Pater Elli wohnten der Zeremonie bei. Tala, der „Chef" des Dorfes, sprach das Gebet zum *Zanahary*, und dann tötete er das Tier mit einem eleganten Stich in die Halsschlagader. Mehrere junge Männer bereiteten das Fleisch für das gemeinsame Essen nach der heiligen Messe vor.

Viele Männer helfen beim Bau der neuen Kirche von Isifotra mit. Auch die Ziegelsteine haben sie selbst gebrannt. Am Christkönigsfest 1999 wird sie feierlich von Bischof Philippe Ranaivomanana eingeweiht und „Jesus dem König" gewidmet. Die Freude über die neue Pfarrkirche und die schöne Glocke ist groß.

Die Mädchen begleiteten mit ihren Tänzen und Liedern die Priester, Enzo, den Katechisten und den Bischof bis zum Kirchentor. Dort übergab Enzo dem Bischof den Schlüssel der Kirche, und die Liturgie der Kirchweihe nahm ihren Lauf. Die Frauen brachten in Krügen aus ausgehöhlten Kürbissen das Wasser in den Kirchenraum und füllten damit das Taufbecken. Auch das Taufbecken war aus einem großen Granitblock mühsam behauen und ausgehöhlt worden. Die jungen Männer brachten in einer Prozession das Evangelienbuch. Während alle Anwesenden die Allerheiligenlitanei sangen, brachte Enzo eine Reliquie des heiligen Kamillus zum Altar. Diese wurde in der Mitte des Altarsteines eingemauert. Enzo und mir kam es in diesem Moment so vor, als würden auch unsere Herzen in den Altar mit eingemauert werden.

Um etwa ein Uhr Mittag fand die feierliche Liturgie der Kirchweihe ihr Ende und alle freuten sich auf die *Toko lava*, das gemeinsame Essen, das die Frauen in vielen großen Kochtöpfen bereits vorbereitet hatten: Reis, Rindfleisch, Gemüse und zum Nachtisch gab es Bananen. Nach dem Festessen standen noch Spiele und von den Jugendlichen aufgeführte Tänze am Programm. So wurde das Christkönigsfest für viele Bara in dieser abgelegenen Region ein freudiger Tag der Kundgebung des christlichen Glaubens. Dieser Tag wird uns allen weiterhin in schönster Erinnerung bleiben.

Als Pater Elli sich am Abend von uns verabschiedete, sagte er: „Wenn ich meine Aufgabe als Provinzial der Lazaristen beendet habe, bitte ich den Bischof, Pfarrer von Isifotra werden zu dürfen." Wir freuten uns natürlich darüber, dass sich Pater Elli in unserem Dorf so wohl fühlte und er vielleicht sogar für eine längere Zeit als Pfarrer in Isifotra wirken würde. Leider verstarb Pater Elli im Jahr 2001 ganz unerwartet bei einem Autounfall, kurz bevor er als Pfarrer zu uns nach Isifotra kommen sollte.

WAS BRINGT WOHL DAS NEUE JAHRTAUSEND?

Den Übergang ins neue Jahrtausend feierten wir mit einem gemeinsamen Abendessen (*Toko lava*) mit den Dorfbewohnern, und anschließend blieben wir bis Mitternacht in der Kirche, wo wir uns mit Liedern und Gebeten auf das neue Jahr vorbereiteten. Wir fragten uns: „Was wird das neue Jahrtausend dem madagassischen Volk wohl bringen?" Die politische und wirtschaftliche Lage war alles andere als hoffnungsvoll. Korruption und Amtsmissbrauch regierten im ganzen Land. Die hohe Zahl der Analphabeten war besorgniserregend. Ein völlig unzureichendes Kommunikationssystem trug dazu bei, dass die formell demokratisch gewählte Regierung oft zur Farce wurde. Polizei und Gendarmerie waren nicht dazu da, um das arme, unerfahrene Volk vor Willkür zu beschützen, sondern sie kollaborierten oft mit korrupten Politikern und versetzten das Volk durch ihre Drohungen in Angst. Es sprach sich herum, dass sie auch die Banden der Rinderdiebe unterstützten. Junge Männer sagten aus, dass die Funktionäre sie sogar zwangen, diese kriminellen Taten zu begehen. Auch in der Gegend um Isifotra kam es immer wieder zu brutalen Überfällen. Dabei ging sogar ein kleines Dorf in Flammen auf.

Die Jahrtausendwende war ein emotionaler Moment für uns. Dankbar blickten wir auf die vergangenen Jahre zurück, die wir zuerst in Benin und danach in Madagaskar verbringen durften. Wir dachten an die vielen Menschen, denen wir in diesen Jahren in Afrika begegnen durften. Nun konnten wir eine Zwischenbilanz ziehen. Es war eine sehr wertvolle und fruchtbare Zeit für uns. Wir waren glücklich, so vielen armen und kranken Menschen zu helfen und dadurch so manches in der Mission positiv mitgestalten zu können. Gleichzeitig empfanden wir gemischte Gefühle, wenn wir an die Zukunft von Madagaskar dachten. Wie wird es den Menschen hier wohl ergehen, wenn wir einmal nicht mehr für sie da sein können? Was wird geschehen in einem Land, das schon so oft ausgebeutet wurde und nun vor vielen neuen wirtschaftlichen und politischen Herausforderungen stand? Zu diesen Fragen mischte sich auch ein Gefühl der Wehmut. Wir spürten bereits die Beschwerden des Alters und wussten, dass wir nicht mehr ewig bei unseren geliebten Bara bleiben konnten.

TSITIAKO UND TSINATAOKO

An einem Sonntag, als wir gerade aus der Kirche kamen, saß eine Frau auf dem Boden. Bei ihr waren Zwillinge – etwa fünf Monate alt – und ein Junge mit etwa sieben Jahren. Ihr Gesichtsausdruck war traurig und zornig zugleich. Ich dachte, dass die Zwillinge vielleicht krank sind und fragte nach, was ihnen fehle. Da entgegnete sie mit entschlossener Stimme: „Ich bringe sie zu dir, sie gehören dir!" Diese Worte überraschten mich und ich fragte nach dem Grund. Da erzählte sie mir, dass ihr Mann von Rinderdieben ermordet wurde, als sie im fünften Monat ein Kind erwartete. Sie selbst sei von den Dieben vergewaltigt worden, und dann wurden die Rinder gestohlen. Bis jetzt konnte sie auf die Hilfe der Eltern zählen, aber nun waren diese krank. Außerdem möchte sie die Kinder weggeben. Sie gab ihnen die Namen Tsitiako (= ich liebe sie nicht) und Tsinataoko (= ich habe sie nicht gemacht).

Gott sei Dank standen Pela und Rahoajy neben mir, zwei erfahrene Bara-Familienmütter. Rahoajy flüsterte mir leise zu: „Das kann sie nicht machen, sie würde es später bereuen, denn das Leben dieser Kinder kommt von Gott und den *Razane* (Ahnen). Der Vater der Kinder ist schon dort." Nun redeten Pela und Rahojy mitfühlend und mütterlich auf sie ein. Ich versprach, ihr zu helfen mit Reis, Öl, Seife, Kleider und ein wenig Geld und bot ihr an, sie könne jederzeit wiederkommen. Wir luden sie und ihren Jungen zum Mittagessen ein, danach ging sie wieder in ihr Dorf Betsakoa zurück, das weit hinter dem Berg im Osten lag. Sie kam lange Zeit nicht mehr. Doch als sie das nächste Mal bei uns eintraf, sagte sie zufrieden: „Ich habe meinen Kindern andere Namen gegeben. Sie heißen jetzt: Tiako (= ich liebe sie) und Nataoko (ich habe sie gemacht).

Als sie eines Tages wieder mit den Kindern kam, gut gekleidet und zufrieden, fragte ich sie: „Was ist denn heute los?" Freudestrahlend antwortete sie, dass sie ein älterer Mann, dessen Frau gestorben war, geheiratet hat. Es gehe ihr und den Kindern gut, so dass sie in Zukunft nicht mehr kommen müsse, um Hilfe zu erbitten. Daraufhin gab sie ihrem Jungen ein Zeichen, und er holte aus seinem Korb einen Hahn als Dankeschön hervor. Welche noble Geste der Dankbarkeit von einer so leidgeprüften Frau!

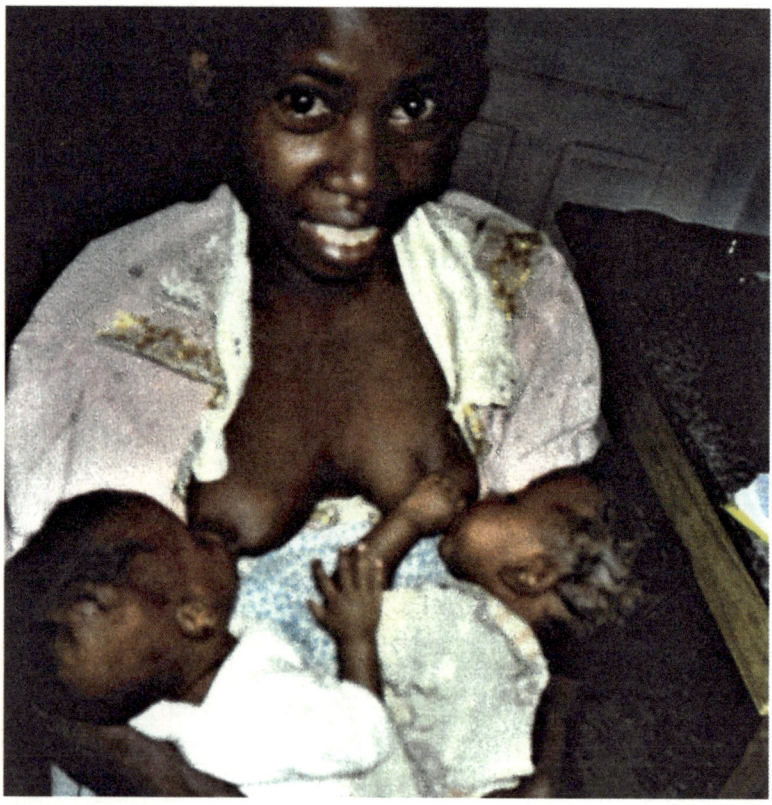

Eine glückliche Mutter mit ihren Zwillingen: Aus Tsitiako (= ich liebe sie nicht) und Tsinataoko (= ich habe sie nicht gemacht) sind Tiako (= ich liebe sie) und Nataoko (ich habe sie gemacht) geworden.

65 NEUGETAUFTE ZU OSTERN

Das wichtigste Ereignis im Jahr 2000 war ohne Zweifel die Taufe von 65 Erwachsenen während der Osternacht in der neuen Kirche von Isifotra.

Auf dem Platz vor der alten Kirche fand die Weihe des Osterfeuers statt. Danach zogen die Katechumenen mit brennenden Kerzen in der Hand in die Kirche ein und sangen das Lied: „Ihr werdet mein Volk sein und ich werde euer Gott sein!" Die Begeisterung, mit der alle das Lied sangen, ging uns durch Mark und Bein. Man spürte förmlich den „Auferstandenen" in unserer Mitte. Es war ein wunderbares Erlebnis für uns alle. Nachdem Enzo das *Exsultet* gesungen hatte, umarmte ihn Pater Elli und weinte vor Freude. Diese Osternacht war eine Glaubenskundgebung weit über Isifotra hinaus. Dieses Mal weilte Pater Elli noch unter uns. Im Jahre 2001 rief Gott ihn zum ewigen Paschafest.

DIE SCHULE WÄCHST

Wie in jeder Gemeinschaft, so gab es auch bei uns einige Wermutstropfen. Das Lehrer-Ehepaar brachte durch seine Gier, seinen Stolz und seine Raffiniertheit immer wieder Streit und Unzufriedenheit unter die Leute und spaltete damit das ganze Dorf. Tala und andere Verantwortliche suchten das Gespräch mit uns. Sie teilten uns ihren Wunsch mit, dass die Lehrer das Dorf verlassen sollten. Also baten wir die für unsere Schule zuständigen Maristen-Schulbrüder nach Isifotra zu kommen, um mit den Leuten selbst zu reden und sich ein Bild von der Situation zu machen. Mittlerweile erfuhren wir auch, dass sich das Ehepaar auf einem ihrer früheren Posten durch kriminelle Taten so manches hatte zuschulden kommen lassen.

An einem Samstag kamen zwei Brüder nach Isifotra. Die Leute brachten ihre Klagen vor und baten um Versetzung des Lehrer-Ehepaares und zugleich um neue Lehrkräfte. Nach all den Vorfällen im Ort blieb ihnen keine andere Wahl als die beiden von der Schule in Isifotra zu entfernen.

Im nächsten Schuljahr hatten wir bereits neue Lehrer gefunden, die nun die Kinder unterrichteten. Nun funktionierte der Schulunterricht wieder besser. Doch die Spaltung im Dorf, verursacht durch das Ehepaar, war leider noch lange zu spüren.

Damit die Kinder in Isifotra die sechs Klassen der Grundschule abschließen konnten, musste die Schule um zwei Klassen erweitert werden. Dank großzügiger Spenden der Pfarren Altmannsdorf und Bramberg sowie auch der Unterstützung vieler Freunde ging auch dieser Traum in Erfüllung. So konnten wir nun gewährleisten, dass die Kinder in Isifotra die Grundschule absolvieren und danach noch eine höhere Schule bei den Schwestern oder bei den Brüdern der christlichen Lehre in Ihosy besuchen konnten. Für die Bevölkerung dieser Gegend war dies eine große Errungenschaft.

Nach einigen Jahren, als wir nach längerer Zeit wieder unsere Freunde in Isifotra besuchten, erfuhren wir, dass es manche Schüler aus Isifotra bereits zu Hebammen, Lehrern, Mechanikern und Krankenpflegern gebracht hatten. Ein Junge war sogar ins Priesterseminar eingetreten. Welch eine Freude!

89 ERWACHSENE BARA EMPFANGEN DEN HEILIGEN GEIST

Ein unvergessliches Ereignis war im Sommer 2001, als Bischof Philippe Ranaivomanana zu uns nach Isifotra kam und 89 Erwachsenen das Sakrament der Firmung spendete. Es bedurfte einer besonders guten Vorbereitung, vor allem dort, wo durch das Lehrer-Ehepaar Unfrieden gestiftet worden war. Trotz allem nahmen es die Menschen in Isifotra sehr ernst mit dem Empfang dieses Sakraments, durch das sie das kraftvolle Wirken des Heiligen Geistes kennenlernen durften. Sie baten sogar Enzo, mit ihnen eine zwei Meter hohe Steinplatte aus den Bergen zu holen und sie vor der Kirche aufzustellen. Darauf wurde das Datum ihrer Firmung eingemeißelt. Bischof Philippe weihte diesen *Tsangan-bato*-Gedenkstein feierlich ein, begleitet von vielen Liedern, Trommeln und Tänzen.

Ein *Tsangan-bato*-Gedenkstein vor der Kirche von Isifotra erinnert an die 89 erwachsenen Bara, die im Sommer 2001 von Bischof Philippe Ranaivomanana gefirmt wurden.

UNSER GESUNDHEITSZUSTAND
VERSCHLECHTERT SICH

So gerne wir unsere Arbeit bei den Armen und Kranken taten, so sehr litt auch unsere Gesundheit darunter. Immer wieder schnappten wir irgendwelche Infektionskrankheiten auf. Enzo schmerzte vor allem aber auch eine Nervenentzündung, die eine Folgeerscheinung der Lepra war, an der er einige Jahre zuvor erkrankt war. Unsere Kräfte nahmen nach und nach ab. Wir wandten uns an den Bischof und baten ihn, eine Schwesterngemeinschaft zu suchen, die unsere Arbeit übernehmen könnte. Da das Dorf so abgelegenen war und nur selten ein Priester vorbeikam, hatten die Orden Bedenken, ihre Schwestern dorthin zu schicken.

Unsere Bitte erreichte auch Pater Gregotsch, der durch das kamillianische Missionswerk viele andere Missionsorden kannte. Und tatsächlich fand er zwei Schwestern aus Kenia. Er kam mit ihnen nach Isifotra, um die Lage zu prüfen. Leider schreckte sie die Abgeschiedenheit des Ortes ab. Außerdem würde uns ihr Orden überhaupt erst zwei Jahre später mitteilen können, ob eine Niederlassung für sie möglich wäre. Angesichts unseres angeschlagenen Gesundheitszustandes zweifelten wir, ob wir noch so lange durchhalten würden.

Da kam eines Tages Pater Colombi mit zwei Schwestern des Getsemani-Ordens zu uns. Sie stammten aus Sardinien und suchten für ihre Gemeinschaft eine Niederlassung in Madagaskar. Nach dem Besuch verschiedener anderer Orte erreichten sie auch Isifotra. Sie waren begeistert von dem, was wir in den Jahren dort aufgebaut hatten. Aber so ganz alleine hierherzukommen, ohne einen Priester – das wäre für sie doch zu schwer. Pater Colombi versprach ihnen, dafür zu sorgen, dass ein Priester vor Ort sein werde, wenn sie sich entschließen, nach Isifotra zu kommen. Es dauerte noch bis zum Jahr 2002, als der Orden die Zustimmung für die neue Niederlassung geben konnte. Es blieb uns also noch genug Zeit, um Pater Gregotsch alles zu berichten. Er war einverstanden mit der Idee, dass der Orden der Getsemani-Schwestern unsere Arbeit übernehmen könne. Wichtig war uns nur, dass es auch ohne uns in der Zukunft gut weitergeht. „Im Oktober 2002 werden drei Schwestern zu Ihnen nach Isifotra kommen", schrieb die Generaloberin des Ordens in einem Brief und teilte uns mit, dass sie nach einem sechsmonatigen Sprachkurs in Fianarantroa im März 2003 endgültig Isifotra übernehmen könnten.

GROSSE IMPFAKTION
GEGEN INFEKTIONSKRANKHEITEN

So blieb uns noch genug Zeit, das alltägliche Leben mit unserem Bara-Volk zu teilen. Trotz unserer körperlichen Beschwerden genossen wir es, noch ein wenig bei diesen wunderbaren Menschen sein zu dürfen. Einmal im Monat war Impftag. Wir wurden vom Staat beauftragt, regelmäßig Impfaktionen gegen diverse Infektionskrankheiten durchzuführen. Daher kamen jedes Mal in etwa 200 Personen zu Enzo und Joany, um sich gegen Masern, TBC, Keuchhusten, Tetanus und auch Diphtherie impfen zu lassen. Während sonst bei einer Masernepidemie viele sterben mussten, schützte die Impfung die Kinder vor dieser gefährlichen Krankheit. Die Eltern wussten darum und brachten deshalb viele Kinder zur Impfung. Auch Frauen und Männer ließen sich gegen Tetanus impfen, weil diese Infektionskrankheit meist tödlich endete. Einmal im Jahr verabreichten wir allen Schulkindern ein Mittel gegen Würmer. Außerdem wiesen wir immer wieder auf die Notwendigkeit der Hygiene hin und baten die Erwachsenen, kleine Toiletten-Hütten für ihre Notdurft zu benützen. Doch viel Anklang fanden wir damit nicht.

Viel Freude hatte Enzo, wenn er am Abend manchmal Zeit hatte, um die alten *Lonaky* in ihren Hütten zu besuchen und sie ihm dann von den *Fomban-drazana*, den Bräuchen der Ahnen, erzählten. In diesen Geschichten entdeckte er viel Wahres und eine tiefe Weisheit. Ihm schien es, als schimmere in all diesen Erzählungen der allgegenwärtige Christus hindurch.

Einmal im Monat findet eine große Impfaktion in der Ambulanz und in den umliegenden Dörfern von Isifotra statt. Kinder werden von Elisabeth gegen Masern, TBC, Keuchhusten, Tetanus und auch Diphtherie geimpft.

An den freien Abenden besucht Enzo die Familienältesten (*Lonaky*) in ihren Hütten und hört ihnen gerne zu. Ihre Geschichten enthalten eine tiefe Weisheit, die Enzo fasziniert.

VOAN DALA –
„EIN GESCHENK AUF DEM WEG"

Auch ich konnte bei den Frauen immer wieder Neues lernen und bewundern. Besonders dankbar war ich für die Anwesenheit von Kemba, einer sehr erfahrenen, bescheidenen und geachteten lokalen Hebamme (*Mampivelo*). Von ihr lernte ich so manche praktische Tricks, um Frauen bei schweren Geburten beistehen zu können. Oft verbrachten wir die ganze Nacht bei Frauen, die in den Wehen lagen. In Isifotra gab es jedes Jahr zwischen 28 und 34 Geburten. Gestorben ist in all diesen Jahren in Isifotra keine einzige Frau. Vielmehr durften sie während der Geburt den Schutz Gottes und der Ahnen erfahren: *Noho ny fitahian Zanahary sy ny Razana.*

Während der Schwangerschaft kamen die Frauen dreimal zu Voruntersuchungen. So konnten wir in schwierigen Situationen schon vorbeugen. Und Enzo brachte so manche werdende Mutter auch in der Nacht noch ins Spital. Als ich einmal eine junge Frau auf der Ladefläche hinten im Auto begleitete, kam mitten auf der Wegstrecke das kleine Baby zur Welt. Mit dem besonderen Schutz vom Himmel löste sich auch die Nachgeburt gut, so dass wir gleich wieder ins Dorf zurückkehren konnten. Die Kleine erhielt den Namen *Voan dala*, was so viel heißt wie „Geschenk auf dem Weg". Solch erfreuliche Erlebnisse gaben uns Mut und Kraft.

STARKER GLAUBE EINER
GANZ GEWÖHNLICHEN FRAU

Kely, eine etwa 30-jährige Frau, war mit dem sechsten Kind schwanger. Ihr Mann, ein Alkoholiker, arbeitete kaum auf dem Reisfeld. Sie hatten nur wenig zu essen für ihre Kinder. Deshalb luden wir sie abends manchmal zu uns ein, um ihnen Reis und Öl mitzugeben. Einmal sagte ich zu ihr: „Kely, du tust mir leid, du hast ein schweres Leben." Da schaute sie mich verwundert an und entgegnete: „Elisabeth, ist das nicht das Leben, das Gott für mich bestimmt hat? Es ist gut so!" Diese Worte gaben uns zu denken. Sie erinnerten mich an das Buch Ijob im Alten Testament: „Nackt kam ich hervor aus dem Schoß meiner Mutter; nackt kehre ich dahin zurück. Der Herr hat gegeben, der Herr hat genommen; gelobt sei der Name des Herrn! Nehmen wir das Gute an von Gott, sollen wir dann nicht auch das Böse annehmen?" (Ijob 1,21 und 2,10)

Wie viel Weisheit steckte doch in den Worten von Kely! Und wie viel Kraft schöpfen solche Menschen im großen Vertrauen auf die Vorsehung Gottes! Wie nahe sind sie doch den Worten Jesu, der immer den Willen des Vaters gesucht hat: „Vater, wie du willst, nicht wie ich will!"

HAUSAPOTHEKE FÜR DEN NOTFALL

Da wir uns im Sommer 2000 einen Monat Urlaub gönnten – auch der Staat erlaubte den Ambulanzen, vier Wochen lang zu schließen –, wollten wir im Vorfeld die Familien mit einer kleinen Notfall-Hausapotheke versorgen. Wir baten jede Frau, einen kleinen Korb mit einem Deckel zu flechten. Dieser Korb wurde dann an einer Schnur im Innern des Hauses am Dach angebunden, um ihn vor den Kindern und den Mäusen zu schützen. Bei einer Versammlung erklärten wir den Frauen, was wir in jeden Korb hineingeben würden: ein wenig Verbandsmaterial, ein Fläschchen Permanganatlösung zur Desinfektion, ein Plastiksackerl mit ein wenig Zucker und Salz, um in dringenden Fällen eine Trinklösung für Kinder mit Durchfall zubereiten zu können, ein paar Tabletten Paracetamol bei Fieber und ein paar Tabletten Chloroquin gegen Malaria.

Den Frauen erklärten wir genau, wie sie die richtige Dosis einnehmen sollten. Eigentlich nichts Neues für sie, da sie die Medikamente von der Ambulanz her kannten. Und bei so geringen Mengen konnte nichts schiefgehen. Während wir jedes Körbchen mit den Medikamenten füllten, musste die betreffende Frau die „Gebrauchsanweisung" wiederholen. Stolz gingen die Frauen mit ihrer Notfall-Apotheke nach Hause. Wenn ich sie besuchte, zeigten sie mir mit Freude ihr Körbchen, das am Dach baumelte. War es leer, konnten die Frauen die fehlenden Medikamente nachholen. So entstand ein wunderbarer Kontakt zu diesen einfachen Frauen. Zu gewissen Anlässen teilten wir auch Seife, Öl und Zucker aus.

Dank der großzügigen Spenden aus der Heimat, insbesondere aus der Pfarre Altsimmering, konnten wir in Notsituationen immer wieder helfen. Für zwei Witwen konnten wir zwei kleine Häuser herrichten. In dem einen Haus betreute Torina mit ihren zwei Buben Schafe, die sie von unserem Stall bekommen hatte. Und Miza erhielt für ihr Haus Enten und Hühner. Ein gutes Beispiel von nachhaltiger Hilfe zur Selbsthilfe! Miza und Torina sorgten auch für die Sauberkeit und den Blumenschmuck in der Kirche. Sie bauten auch Bohnen und Erdnüsse an, wobei sie eine Hälfte für die Kranken, die andere Hälfte für das Priesterseminar in Ihosy zur Verfügung stellten.

REUMÜTIGER KAVI

Seit das Lehrer-Ehepaar nicht mehr im Dorf war, fanden die zerstrittenen Familien langsam wieder näher zueinander. Ungerechtigkeiten bezüglich der Reisfelder und des Verlaufs der Wasserkanäle wurden aus dem Weg geräumt. Enzo musste immer wieder bei Streitigkeiten vermitteln. Beim Gebet in der Kirche fügten wir immer eine Fürbitte um Frieden unter den Familien an.

Auch wir waren von der Streiterei im Dorf leider betroffen, da Kavi, unser Angestellter, in die Fänge des üblen Lehrer-Ehepaars geraten war. Er kündigte sogar seine Arbeit bei uns. Seine Frau litt sehr darunter. Einige Leute warnten uns sogar vor Kavi. Seit das Ehepaar uns verlassen hatte, war auch Kavi kaum noch zu sehen. Doch hörten wir, dass er sich am Sonntag in Analavoka zum Gebet aufhielt. Immerhin ein Zeichen, dass er den Glauben an Gott noch nicht aufgegeben hatte.

Ein paar Wochen, bevor wir aus Isifotra für immer weggingen, klopfte es spät am Abend an unserer Eingangstür. Es war nicht Bakety, wie vermutet, sondern Kavi stand draußen vor der Tür. Wir baten ihn, hereinzukommen. Doch aufgrund der diversen Warnungen waren wir ein wenig skeptisch und verunsichert. Wir blieben ein wenig auf Distanz und fragten ihn, wie es ihm wohl gehe. Er antwortete nur mit einer verneinenden Kopfbewegung. Wir spürten, dass er etwas sagen wollte, es aber nicht konnte. Wir blieben ganz ruhig. Dann auf einmal brach es aus ihm heraus: „Ich bin gekommen, um dich um Verzeihung zu bitten." Und er weinte bitterlich. Enzo legte seinen Arm um ihn und ließ ihn weinen. Nach einiger Zeit sagte Kavi: „Du warst immer nur wie ein guter Vater zu mir. Ich aber habe Schlechtes getan. In der Katechese lehrtest du uns, dass Gott in seiner Barmherzigkeit den Menschen verzeiht. Deshalb bin ich zurückgekommen." Enzo betete langsam das „Vater Unser" mit ihm und gab ihm mit Weihwasser den Segen. Kavi kniete nieder und dankte ihm. Enzo riet Kavi, die Sache auch mit der *Fokonolona* – der Dorfgemeinschaft – in Ordnung zu bringen, schon seiner Familie zuliebe. Er versprach es zu tun. Da wir um die Schwierigkeiten eines solchen Vorhabens wussten, gab Enzo ihm zu verstehen, dass er vorher mit Tala reden werde. Es war nicht einfach, die Dorfältesten zu besänftigen. Die Verletzung durch Kavi und das Lehrer-Ehepaar war groß und nicht nur mit einem guten Gespräch aus der Welt zu schaffen. Schließlich stimmten Tala und Foara zu, ihn wieder in die Dorfgemeinschaft aufzunehmen, allerdings musste er ihnen beweisen, dass er sich an die Regeln (*Fady*) halten würde. Wir waren natürlich froh darüber, und ich musste wieder an ein madagassisches Sprichwort denken: „Stehlen ist tödlich, aber das Bitten hilft dir weiterzuleben." Und auch noch an ein anderes Sprichwort: „Glaube nicht, unbeobachtet zu sein, denn Gott ist über dir."

Als Enzo am letzten Sonntag vor unserer Abreise den Wortgottesdienst leitete, konnten wir auch Kavi unter den Männern sehen.

Es war ein Zeichen, dass er sich mit der Dorfgemeinschaft versöhnt hatte, Für uns war es das schönste Erlebnis vor dem Abschiednehmen.

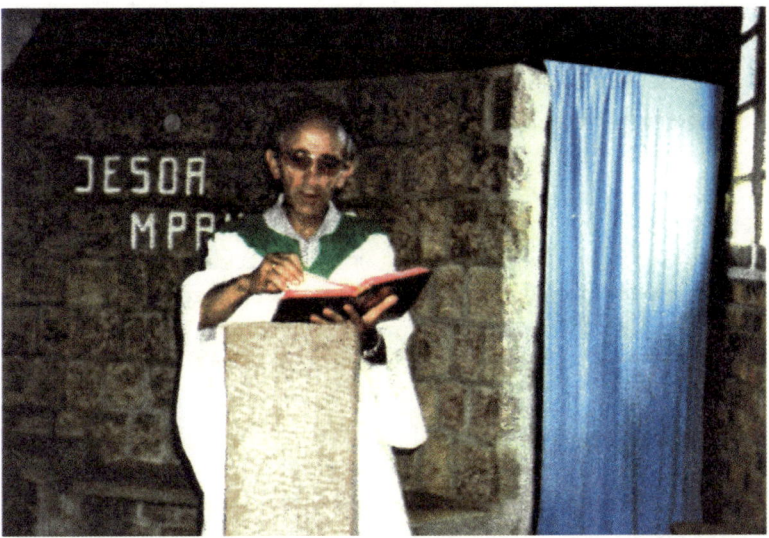

Vor dem Abschiednehmen hält Enzo noch einen letzten Wortgottesdienst in der Kirche von Isifotra, Dabei erinnert er die Gemeinde an die Abschiedsworte Jesu: „Das ist mein Gebot: Liebt einander, wie ich euch geliebt habe." (Johannes 15,12)

TRÄNEN ZUM ABSCHIED

Die Getsemani-Schwestern aus Sardinien hielten Wort. Schwester Giannina, Schwester Angela und Schwester Cosimiva kamen mit ihrer Generaloberin im Oktober 2002 nach Isifotra. In einem feierlichen Gottesdienst, dem der Bischof von Ihosy vorstand, wurden sie herzlich willkommen geheißen. Sie blieben nur ein paar Tage und fuhren dann für fünf Monate nach Fianarantsoa, um Malagasy zu lernen. Anfang März 2003 kehrten sie nach Isifotra zurück.

Am 20. März 2003 war es soweit, und wir mussten Abschied nehmen von unserem geliebten Isifotra, das uns zur Heimat geworden war. Während des Sonntagsgottesdienstes, wo wir uns immer als ein Teil einer großen Familie fühlten, flossen viele Tränen. Seither tragen wir ein tiefes Gefühl der Dankbarkeit, der Verbundenheit mit diesen Menschen und wohl auch ein wenig Heimweh in unseren Herzen. Wir können über Gottes große Barmherzigkeit nur staunen, der uns den Auftrag gab: „Geht, macht die Kranken gesund und verkündet: Das Reich Gottes ist nahe!" Durch die allgegenwärtige Präsenz Christi ist Sein Reich wahrhaftig in Isifotra angekommen: „Ihr seid mein Volk, ich bin euer König", spricht Jesus auch heute zu ihnen.

Am Montag nach dem schmerzlichen Abschied, zeitig in der Frühe, fuhr uns Pater Razzu mit seinem Auto nach Ihosy und dann weiter nach Fianarantsoa. Unser Auto und unser gesamtes Geld blieb bei den Schwestern in Isifotra. Es reichte zumindest, um zwei Jahre die missionarische Arbeit weiterführen zu können.

Mit großer Dankbarkeit nahmen wir noch ein paar Geschenke als Andenken an die Zeit in Isifotra mit: Drei kleine handgeflochtene Körbchen, von den Frauen gefüllt mit Reis, Erdnüssen und Kaffee, sowie einen symbolischen Geldschein von 500 Ariary (= rund ein Euro) vom *Lonaky* Tsirivelo und einen kleinen Stein aus dem Bach, der an Isifotra vorbeifließt.

DIE ROTE INSEL LÄSST UNS NICHT LOS

Ein madagassisches Sprichwort lautet: „Die rote Erde bleibt an den Sohlen kleben." So war es auch mit uns: Wir kamen von Madagaskar, der roten Insel im Indischen Ozean, nicht los. Schon einige Zeit bevor wir Isifotra verlassen hatten, sprach Bischof Philippe Ranaivomanana von Ihosy mit uns und sagte: „Ich rechne damit, dass ihr bald nach eurer Erholung in Österreich wieder nach Madagaskar zurückkommen werdet. Dann würde ich euch gerne auf das Horombe-Plateau schicken, um dort zu evangelisieren." Er meinte, wir hätten eine große Erfahrung mit den Bara und das Horombe-Hochland sei ein schwieriges Missionsland. In Ampandratokana, einem kleinen Dorf unweit von Ihosy, wollte er uns ein kleines Haus zu Verfügung stellen. Also ließ er es in unserer Abwesenheit renovieren. In diesem Ort gab es auch ein von der Diözese geführtes Ausbildungszentrum für Katechisten und eine Landwirtschaftsschule.

In der Gewissheit, dass wir mit Gottes Hilfe wieder zurückkommen würden, fiel uns der Abflug leichter.

So verbrachten wir also einige Monate wieder in Wien. Diesmal übersiedelten wir nach Altsimmering. Die Pfarre nahm uns herzlich auf und zeigte Interesse an unserer Mission in Madagaskar. Also erzählten wir viel von unserer Tätigkeit im Lepradorf Isifotra und zeigten in der Pfarrgemeinde auch unsere vielen Fotos her. Daraufhin bot uns die Gemeinde Hilfe an für die Arbeit auf dem Horombe-Hochland. Und so ging es bereits im Juli 2003 zurück nach Madagaskar, um auf der Hochebene des Horombe einen neuen Auftrag in Angriff zu nehmen.

MISSION AUF DEM HOROMBE-PLATEAU

Südwestlich von Ihosy breitet sich eine erhabene, rund 100 Kilometer lange und 70 Kilometer weite Savannenlandschaft aus. Auf dieser weiten Hochebene des Horombe wartete bereits eine neue Mission auf uns. So weit das Auge reicht, sahen wir ein flaches, karges und steppenartiges Land mit ein paar vereinzelten Bäumen. Diese Steppenlandschaft auf immerhin 800 Höhenmetern wird fast ausschließlich von Bara besiedelt, die sich mit ihren Zebu-Rindern dort angesiedelt haben, wo es Wasser gibt.

Wir zogen in ein kleines Haus in Ampandratokana ein. Bald war ein herzliches Verhältnis mit den Schwestern der Gemeinschaft „Soeurs du Christ" hergestellt, die hier eine Landwirtschaftsschule leiteten. Sie involvierten uns gleich in ihre Arbeit und baten uns, die erkrankten Jugendlichen zu behandeln. Außerdem baten sie Enzo, für Erwachsene den Katechismus-Unterricht und auch Erste Hilfekurs abzuhalten. Beides nahm nicht so viel Zeit in Anspruch. Und so begannen wir schon bald mit unseren Besuchen in den vereinzelten und weit abgelegenen Dörfern auf dem Horombe.

Auf der weiten Hochebene des Horombe ziehen Hirtenkinder der Bara mit Herden von Zebu-Rindern durch die Steppe. Die Rinder spielen eine große Rolle im Leben der Bara. Sie werden nicht nur in der Landwirtschaft eingesetzt, sondern dienen auch als Schlachtopfer.

Wir bewegten uns in einem insgesamt etwa 700 Kilometer weiten Gebiet. Weit und breit war nur Steppe, und in den Niederungen versteckt lagen die kleinen Dörfer. Man schätzt um die 290 Dörfer mit insgesamt 30.000 Einwohnern. Für die Menschen auf dem ganzen Gebiet des Horombe gab es bis dahin nur zwei kleine Krankenstationen.

DER *LONAKY* WÜNSCHT SICH EINE SCHULE FÜR SEIN DORF

Das erste Dorf, das wir besuchten, rund 40 Kilometer von Ihosy entfernt, war Ambatolahikely. In der Nähe gab es noch zwei kleine Ortschaften, die wir natürlich auch besuchten. Ambatolahikely bestand aus ungefähr 15 Hütten mit in etwa 100 Bewohnern, davon der Großteil Kinder. Keine Schule, kein Geschäft, keine medizinische Versorgung weit und breit. Um von der Hochebene ins Tal nach Ihosy zu gelangen, braucht man fast einen ganzen Tag. Priester kamen hier fast nie vorbei. Nur ein Katechist, der in mehreren Dörfern tätig war, kam immer wieder nach Ambatolahikely. Die nächste Schule war um die 13 Kilometer weit entfernt, also blieben die Kinder im Dorf und in der Umgebung, um die Rinder zu hüten und auf den Reisfeldern mitzuarbeiten. Davon lebten ja die Menschen dort auf der Hochebene. Außerdem bauten sie Maniok, Mais und Erdnüsse an.

2003 war eine schlechte Ernte, es hatte so lange nicht geregnet. In der endlosen Steppe war auch kaum ein Baum zu sehen. So war Brennholz sehr rar. Also verwendeten die Bara getrockneten Rindermist. Fast alle Bewohner des Horombe waren Bara, nur einige gehörten zum Volksstamm der Betsileo. Sie lebten ständig in der Angst, von den organisierten Banden der Rinderdiebe überfallen zu werden. Wenigstens einmal in der Woche hörte man da und dort von diesen kriminellen Vorkommnissen, bei denen oft auch Hirten getötet wurden. Auf dem Horombe waren die Menschen vor dieser sich immer mehr ausbreitenden Plage nicht geschützt. Wie wir es bereits in Jakora erfahren hatten, half dabei auch nicht, Anzeige zu erstatten, denn es führte zu keinem Erfolg.

Wir wurden im Dorf freundlich empfangen, aber man spürte eine gewisse Distanz uns gegenüber. Sie waren gegenüber allem, was ihnen fremd war, misstrauisch. Wir hatten dafür Verständnis, weil sie zum x-ten Mal von allen Seiten betrogen und enttäuscht worden waren. Wir hatten wie immer die Notfallmedikamente mit dabei, sowie die verschiedenen Impfstoffe. Wir wurden vom medizinischen Direktor in Ihosy beauftragt, in den Dörfern Impfungen gegen Masern, TBC, Keuchhusten, Tetanus, Meningitis und auch gegen Diphtherie durchzuführen. So baten uns die Leute um Medikamente für einen alten Mann, der starkes Asthma hatte, und wir behandelten auch gleich ein paar fiebernde Kinder.

Gleich nach unserer Ankunft versammelten sich mehrere Männer und Frauen am Dorfplatz. Sie baten uns, mit ihnen das Haus des *Lonaky* zu besuchen und alles Notwendige mit ihm zu besprechen.

Nach der Ankunft im Dorf Ambatolahikely werden Enzo und Elisabeth ins Haus des Dorfältesten (*Lonaky*) eingeladen, um sich mit ihm und mit den anderen Männern und Frauen über den Bau einer neuen Schule zu beraten.

Im Gespräch über die Lage im Dorf kam das Problem der Schule auf. Er erzählte uns, dass es in einem nicht weit entfernten Dorf früher eine öffentliche Schule gab. Der Lehrer sei jedoch fast nie da gewesen. Schließlich sei er ganz verschwunden, und die Schule, eine Lehmhütte, fiel wieder in sich zusammen. Der *Lonaky* gab uns zu verstehen, dass er sehr dankbar wäre, wenn wir ihm in seinem Dorf zu einer Schule verhelfen könnten. Gemeinsam wurde beraten, und dann schlugen wir ihm und der versammelten Gemeinde Folgendes vor: Fürs Erste muss eine größere Hütte mit zwei Räumen zur Verfügung gestellt werden. Fürs Zweite muss ein Lehrer gefunden werden, der bereit ist, hierherzukommen. Der braucht auch eine bescheidene Wohnmöglichkeit. Fürs Dritte müssen auch die Eltern einen kleinen Beitrag durch Schulgeld leisten. Von unserer Seite war es uns durch eine großzügige Spende der Pfarre Altsimmering möglich, das Gehalt für den Lehrer zu bezahlen, Schulmaterial zu kaufen, Bänke, Wandtafel und einen Tisch für den Lehrer zu bekommen. Wir erklärten ihnen, dass wir bei den Maristen-Schulbrüdern in Ihosy anfragen könnten, ob sie einen Lehrer für dieses Projekt hergeben könnten. Der *Lonaky* und die anderen Anwesenden überlegten nicht lange. Sie waren gleich einverstanden und dankbar für diesen Ratschlag. Also wurde sofort die beste Hütte mit zwei Räumen als Schule zur Verfügung gestellt. Sie wurde sauber gemacht und die Frauen flochten zwei Strohmatten. Unsere Aufgabe war es, einen Lehrer zu finden. Die Bänke, der Tisch und die Wandtafel wurden in der Tischlerei der Diözese bestellt. Es ging alles sehr schnell, und nach ein paar Wochen konnten 28 Kinder in Ambalolahikely in die Schule gehen.

Der erste Schultag begann sehr feierlich mit Gebet und mit der Nationalhymne. Die Eltern der Schulkinder hatten eingewilligt, dass in der Schule ab sofort auch Religionsunterricht abgehalten werden sollte. Wir suchten einen Lehrer, der Christ war und somit auch die Kinder in Religion unterrichten konnte. Es gab zwar kaum Christen in der Gegend, aber die Neugier und das Interesse am christlichen Glauben war groß.

Als Enzo auch für Erwachsene Katechesen im Freien anbot, kamen immer mehr Leute zu ihm. Die erste Zeit versammelten sie sich unter einem Mangobaum, weil da mehr Platz für alle war. Also kamen wir regelmäßig in diesen Ort. Auf diese Weise konnten wir den Kontakt zur Bevölkerung verstärken.

Das zweite Problem in Ambalolahikely und den beiden angrenzenden Ortschaften war das Wasser. In der Niederung neben dem Dorf war eine gute Quelle, aber es war leider eine sumpfige, verschmutzte Wasserstelle. So wurde beschlossen, die Quelle einfassen zu lassen und das Wasser durch ein Rohr abzuleiten. Es dauerte Gott sei Dank nicht lange. Eine kleine Firma in Ihosy erledigte gemeinsam mit den Männern von Ambalolahikely diese Arbeit. Seither haben die drei Dörfer Zugang zu sauberem Wasser.

DER GEIST GOTTES ARBEITET IN MANGONA

Eines Tages – wir waren gerade auf dem Weg zu Fuß nach Abalolahikely – kamen zwei Männer auf uns zu und baten, mit uns reden zu können. Es hatte sich bereits herumgesprochen, dass wir in Ambalolahikely erfolgreich eine Schule eingerichtet hatten. Also wünschten sich die Männer auch für ihr Dorf Mangona eine eigene Schule. Auch dort lagen einige Ortschaften nebeneinander. Also ließen wir uns von ihnen in ihr Dorf führen. Von Ambalolahikely ging es ungefähr 60 Kilometer über die Savanne dahin. Den Weg konnte man nur erahnen. In Mangona war das Problem ziemlich das gleiche, wie vorher in Ambalolahikely. Nur hier war die Bitte noch eindringlicher. Sie wollten eine katholische Schule, wie auch Religionsunterricht und eine Einführung ins Gebet. „Wir wollen Christen werden", betonte der *Lonaky*. Er meinte sogar: „Wenn ich getauft bin und genug Wissen erworben habe, möchte ich selbst Katechist im Dorf werden." Das hatten wir bis dahin noch von niemandem so konkret gehört. Wir waren tief beeindruckt von diesem Mann und Enzo sagte: „Der Geist Gottes arbeitet hier."

BRUDER TINA,

EIN BESONDERER MANN GOTTES

Bei den Maristen in Ihosy stießen wir auf Bruder Tina. Er war ein ganz besonderer Mann Gottes, und für uns war es wieder eine barmherzige Fügung Gottes, dass wir ihn kennenlernen durften. Tina stammte aus Antsirabe, einer Stadt mit rund 250.000 Einwohnern in der Provinz von Antananarivo. Seine Eltern hatten schwer gespart, um ihm in Frankreich ein Informatik-Studium zu ermöglichen. Er hatte sogar einen guten Arbeitsplatz, da entschloss er sich plötzlich, bei den Schulbrüdern einzutreten. Er kam nach Madagaskar zurück und hätte eigentlich in Antsirabe in einer höheren Schule der Maristen-Schulbrüder unterrichten sollen. Aber da bat er die Oberen, dorthin geschickt zu werden, wo die Jugend am Land am meisten vernachlässigt wird. Und so kam er nach Ihosy, um sich von hier aus um die Menschen auf dem Horombe zu kümmern. Zu Fuß oder mit dem Fahrrad besuchte er ein Dorf nach dem anderen. Lange Zeit wurde er nicht überall freundlich aufgenommen. Die Leute waren ihm gegenüber misstrauisch. Eine Schule? Nein danke – wozu das! Man sah ja bei den staatlichen Schulen, was da herauskommt! Mit seiner bescheidenen Art gelang ihm dann aber doch der Durchbruch. Als wir uns mit ihm trafen, hatte er schon zehn kleine Schulen errichtet und in Ihosy ein Internat für Buben, die noch eine höhere Schulausbildung bekommen wollten.

Als wir ihn trafen, erzählten wir ihm von den zwei kleinen Schulen, die wir in Isifotra aufbauen konnten. Er freute sich sehr darüber. Bis zu diesem Zeitpunkt war er immer nur auf der westlichen Seite des Horombe gewesen. Unsere Schulen befanden sich jedoch auf der östlichen Seite. Er versprach, auch für Mangona einen guten Lehrer zu suchen und regelmäßig den Schulbetrieb dort zu überprüfen. Es war eine große Erleichterung für uns, durch seine Präsenz die Sicherheit zu haben, dass auch nach unserem Weggehen bei ihm alles weiterhin in guten Händen bleiben würde.

Auf dem Weg nach Mangona mit Bruder Tina und dem Lehrer Lucien, der die Kinder im Haus des *Lonaky* unterrichten soll.

Nachdem wir in Mangona so viel guten Willen entdeckten und auch das Spendengeld von zu Hause noch ausreichte, bestellten wir gleich Bänke, Wandtafel, Tisch und Sessel in Ihosy. Die Hütte vom *Lonaky* wurde geräumt und sauber gemacht, damit Lucien, der neue Lehrer und Katechist, dort vorübergehend unterrichten konnte, bis die neue Schule bezugsfähig war.

Bruder Tina besucht mit dem *Lonaky* in Mangona die neue Schule, die bis zum letzten Platz gefüllt ist.

Als wir einige Tage später wieder nach Mangona kamen, um dort die Kinder zu impfen und die Erwachsenen-Katechese abzuhalten, waren wir ganz überrascht: Die kleine „Schule" im Haus des *Lonaky* war bis auf den letzten Platz besetzt. Es waren insgesamt 42 Kinder. Bei unserer nächsten Versammlung mit dem *Lonaky* und mit Tina besprachen wir, dass gleich nach der Reisernte mit dem Bau der Schule begonnen werden sollte. Lehmziegel, Steine, Schotterklopfen besorgten die Leute vom Dorf. Zement, Wellblechdach und Türen konnten wir noch mit dem Spendengeld finanzieren.

Auch in Mangona hält Enzo gerne Katechesen für erwachsene Bara, die sich für den christlichen Glauben interessieren. Die Männer und Frauen versammeln sich unter einem Mangobaum, der ihnen in der Hitze ein wenig Schatten spendet.

Außerdem wollten wir auch in Mangona für sauberes Wasser sorgen. Ein ziemlich tiefer Brunnen mit einer Handpumpe wurde von der Brunnen-Baufirma in Ihosy gegraben. Er lag etwas außerhalb des Dorfes, aber war deshalb auch für die anderen Dörfer leichter zugänglich. Die Firma arbeitete rasch und gut. Seither gibt es auch in Mangona reichlich sauberes und kühles Wasser. Enzo hielt zur Einweihung des Brunnens eine kleine Ansprache und erzählte den Dorfbewohnern die Geschichte der Samariterin am Jakobsbrunnen, zu der Jesus sagt: „Hättest du ihn gebeten, er hätte dir lebendiges Wasser gegeben". (Johannes 4,10) Anschließend wurde der Brunnen durch Enzo und den *Lonaky* gesegnet.

Etwas außerhalb des Dorfes entsteht ein neuer Brunnen mit einer Handpumpe, der die Bewohner von Mangona und von zwei nahegelegenen Dörfern mit sauberem Wasser versorgt.

EIN BRUNNEN FÜR DAS DORF LAMBOMENA

Unsere Besuche erstreckten sich auch auf die nordwestliche Seite von Ampandratokana bis ins Tal des Ihosy-Flusses. Auf dieser Seite der Hochebene ist die Gegend dichter besiedelt. Nach ungefähr 20 Kilometer erreichten wir das Dorf Lambomena, in dem sogar eine Kirche steht. Einige Male im Jahr kam ein Priester aus Ihosy vorbei, um hier mit den Dorfbewohnern die heilige Messe zu feiern. Es gab um die zehn getaufte Bara und Betsileo in Lambomena.

Mit der Zeit kamen immer mehr Menschen zum Gebet in die Kirche, und wir luden sie auch zur Katechese ein. Schnell lernten sie die Lieder, die Enzo ihnen beibrachte. Sie sangen auch fleißig und mit Begeisterung mit.

Die Frauen hatten auch großes Interesse, nähen zu lernen. So kamen wir einmal in der Woche nach Lambomena. Enzo kümmerte sich um die Katechese, und ich brachte den Frauen ein wenig Nähen bei und erteilte ihnen Hygieneunterricht. Außerdem zeigte ich ihnen, wie man Gemüse anbaut. So kam ich mit den Frauen ins Gespräch, die immer viel zu berichten hatten über das, was sich im Dorf und in der ganzen Umgebung so alles ereignete: Schönes und auch weniger Erfreuliches.

In Lambomena hatten die Leute auch ein Problem mit dem verseuchten Wasser. So beauftragten wir wieder die Brunnen-Baufirma in Ihosy, auch hier einen Brunnen zu graben. Enzo hatte mit der Wünschelrute eine gute Wasserader gefunden. Bevor die Firma mit der Arbeit beginnen konnte, segneten der *Lonaky* und Enzo im Beisein vieler Dorfbewohner die Stelle, wo der Brunnen gegraben wurde, und sie beteten um den Schutz Gottes. Die Grabung stellte sich diesmal als schwierig heraus, denn die Arbeiter stießen auf eine dicke Granitplatte. Die Brunnenfirma hatte Gott sei Dank gute Bohrgeräte, mit denen sie das Hindernis überwinden konnte. Und so sprudelte schon bald kristallklares Wasser aus der Tiefe heraus. Wieder war es ein großes Geschenk Gottes – ermöglicht durch die Spenden aus Österreich –, dass die Dorfbewohner von Lambomena plötzlich Zugang zu sauberem Trinkwasser hatten.

DIE BEICHTE DES ALTEN MANAJA

Enzo besuchte in der Zwischenzeit in Lambomena Hütte für Hütte und machte Bekanntschaft mit einem alten Mann. Er war meistens allein und lag auf einem Strohsack in seiner dunklen Hütte. Nur schwer konnte er sich von dort erheben. Es kostete ihm eine große Anstrengung, hinter der Hütte seine Notdurft zu verrichten. Er erzählte Enzo aus seinem früheren Leben, das nicht so gut gelaufen war. Nun dachte er viel über sein Leben nach, besonders auch über Jesus, von dem er in früheren Jahren gehört hatte. Manaja, so hieß der Mann, hörte Enzo eifrig zu, wenn er ihm über Jesus und den christlichen Glauben erzählte. Also bat er darum, so bald wie möglich getauft zu werden. Wir berichteten Pater Eugenio in Ihosy von Manaja, der nicht mehr der Jüngste war. Pater Eugenio war einverstanden, und so bereiteten wir mit den Dorfbewohnern ein schönes Fest für seine Taufe vor.

In Lambomena besucht Enzo Manaja in seiner dunklen Hütte und erzählt ihm von Jesus. Der alte Mann spürt eine große Sehnsucht nach der Liebe Gottes und lässt sich auf den Namen Andreas taufen. Sein Zeugnis bewegt die Menschen weit über das Dorf hinaus.

Es fand am ersten Fastensonntag 2004 auf dem Dorfplatz von Lambomena statt. Die Kirche war dafür zu klein. So viele waren gekommen, um an diesem besonderen Tag mit Manaja zu feiern. Der alte Mann wurde auf den Namen Andreas getauft. Aber vorher bestand er darauf, öffentlich zu beichten und um Verzeihung zu bitten für alles, was er anderen angetan hatte. Alle anwesenden Dorfbewohner waren tief beeindruckt von diesem starken Glaubenszeugnis, das der alte Mann durch seine öffentliche Beichte in seiner ganzen Schwäche noch zusammenbrachte. Sein Zeugnis wirkte weit über Lambomena hinaus. Das Sakrament der Taufe zeigte auch bei ihm seine nachhaltige Wirkung. Voller Dankbarkeit empfing er den Leib Christi, den Enzo ihm an den Sonntagen vorbeibrachte. Kurz nach Ostern starb er mit der Freude im Herzen, bald beim auferstandenen Herrn sein zu dürfen.

EIN ZYKLON FEGT ÜBER DEM HOROMBE

Es war im Februar 2004, da fegte wieder einmal ein starker Zyklon über Madagaskar. Diesmal war es mehr der Südwesten, der von dem Unwetter betroffen war, und so traf es das Horombe-Plateau besonders schwer. Manche Dörfer waren fast zur Gänze zerstört. Im Dorf Ambinanibe, wo wir regelmäßig vorbeikamen, blieben von 28 Hütten nur noch drei übrig. Auch viele Rinder gingen im Sturm verloren. Einige starben auch.

Es war nicht einfach für uns, nach dem Sturm rasch und sinnvoll zu helfen. So teilten wir in einigen besonders stark betroffenen Dörfern Spendengelder aus, damit sie zumindest für ein paar Wochen in Ihosy Reis kaufen konnten. Die großen Versprechungen vom Staat, den in Not Geratenen zu helfen, gingen – wie schon so oft zuvor – wieder einmal in Rauch auf. Die östliche Hauptstraße von Ihosy über Betroka bis nach Fort Dauphin war kaum mehr befahrbar. Es hieß, die EU würde genug Geld für die Renovierung der Straße zur Verfügung stellen. Nach Monaten fragte Enzo einmal einen staatlichen Funktionär: „Wann wird nun endlich mit der Renovierung begonnen?" Da lachte ihn der Mann herrisch aus und sagte: „Die Fotos von der Eröffnung der Straße sind doch schon längst weggeschickt!" Dabei war noch gar nichts geschehen, und der Funktionär hatte vermutlich das Geld in seine eigene Tasche gesteckt.

BISCHOF PHILIPPES GROSSE SORGEN

Es kam nicht oft vor, aber an manchen Sonntagen kam uns Bischof Philippe Ranaivomanana in Ampandratokana besuchen. Einmal kam der Bischof zu uns nach Hause auf einen Kaffee und öffnete uns ein wenig sein bedrücktes Herz. Er war nicht nur um die Menschen in Ampandratokana besorgt, die ihm einige Probleme machten. Er wollte wissen, wie es mit der Landwirtschaftsschule läuft. Denn die Schwestern waren überfordert mit der Schule, und die Ausgaben dafür waren enorm. Große Schwierigkeiten bereiteten ihm auch einige seiner Priester, die nicht im Gehorsam lebten. Außerdem bedrückte ihn auch die finanzielle Lage seiner Diözese. Die Gesundheit des 54-jährigen Bischofs war damals schon ziemlich angeschlagen.

Wir kamen auch ins Gespräch über die Situation im Gefängnis in Ihosy. Von mehreren Seiten in den Dörfern hatten wir bereits von dieser Hölle gehört. Also erklärten wir dem Bischof, wir wären bereit, einmal in der Woche die armen Gefangenen zu besuchen und, wenn es erlaubt wird, sie auch zu pflegen. Bischof Philippe war dankbar über dieses Angebot, denn zu dieser Zeit kümmerte sich praktisch niemand aus der Pfarre um dieses Gefängnis. Nur zu den großen Festen brachten die Barmherzigen Schwestern, die in Ihosy die Schule und Ambulanz leiteten, Essen für alle Gefangenen, und da feierte auch Pater Grimaldi die heilige Messe. Das war alles. Man muss aber auch dazu sagen, dass die Schwestern schon mit genügend Arbeit überlastet waren.

DIE HÖLLE VON IHOSY

Nach einer Kontaktaufnahme mit der Polizeidirektion erhielten wir die Erlaubnis, jeden Montag in Ihosy ins Gefängnis zu gehen. Unser Auto war – wie damals auch in Abomey im Benin – mit einer großen

Medikamentenkiste und Verbandsmaterial beladen. Außerdem nahmen wir mehrere Plastikflaschen mit Honigwasser, Bananen, Becher, Seife, eine Schüssel und ein paar Handtücher und frische Hemden mit. Fotografieren war dort strengstens verboten. Von den Wächtern wurden wir ohne weiteres durch das große Tor gelassen. Nur ließen sie uns verstehen, dass auch sie zum Gefängnis gehörten und Medikamente für sich und ihre Familien brauchten. Mit ein paar Paracetamol und Vitamintabletten war dann die Sache erledigt. Mit Gefängniswächtern zu diskutieren hat keinen Sinn. Das Gefängnis in Ihosy war ähnlich wie jenes in Abomey im Benin ein grauenhafter Ort. Die stinkenden Zellen waren eigentlich für 140 Personen vorgesehen, aber tatsächlich vegetierten 248 Personen auf engstem Raum vor sich hin. Die meisten waren junge Männer von 14 Jahren aufwärts. Sie kauerten auf dem Boden in schmutzige, zerrissene Kleider gehüllt. Aus den abgemagerten Gesichtern schauten uns traurige oder verzweifelte, dann aber auch wieder ganz apathische Augen an. Ein Bild unendlichen Leidens, das uns die Tränen in die Augen trieb. Aber uns blieb keine Zeit für solche starken Gefühle. Es hieß schnell und konzentriert arbeiten, um in den drei Stunden, die uns erlaubt waren, in dieser Hölle zu bleiben, so vielen Menschen wie nur irgendwie möglich zu helfen. Außerdem waren auch immer die Wächter in der Nähe, die aufpassten. Daher war es uns nur selten möglich, ein kurzes Gespräch mit den Gefangenen zu führen.

Die Gefangenen schliefen auf dem bloßen Boden, und wenn es ihnen nicht gelang, noch schnell vor der Verhaftung eine Decke mitzunehmen, hatten sie auch in der kalten Jahreszeit nichts zum Zudecken. Viele waren krank und unterernährt. Nur einmal am Tag gab es etwas zu essen. Immer das Gleiche: schlecht gekochter, oft schon verschimmelter Maniok. Viele hatten keine Familien, die ihnen eine Mahlzeit gebracht hätten. Da gerade aus der Pfarre Altsimmering wieder eine Geldspende ankam, sprachen wir mit der Oberin der Barmherzigen Schwestern in Ihosy, ob es nicht möglich wäre, einmal in der Woche mit ihren Arbeitern Essen wie Reis und Fleisch ins Gefängnis zu schicken. „Wir haben die Möglichkeit, die Versorgung der Gefangenen für eine längere Zeit zu finanzieren, durch eine großzügige Spende aus Wien", erklärten wir ihr und sie sagte uns zu. So konnten diese armen Menschen wenigstens einmal in der Woche etwas Normales essen.

Bei den erkrankten Gefangenen handelte es sich oft um sehr schwere Fälle: Dysenterie, TBC, Lungenentzündung, Folgen der Folter, der die Männer tagtäglich ausgesetzt waren. Besonders schlimm waren die brutalen Schläge auf die Nierengegend mit einer Stange. Die so schlimm zugerichteten Männer litten nicht nur unter schrecklichen Schmerzen, sondern hatten auch blutigen Harn. Es waren Anzeichen einer Nierenverletzung.

Am Abend, als wir wieder in unserem kleinen Haus waren, musste ich weinen: „Warum gibt es hier nur so viel Ungerechtigkeit und Leid? Wo bist Du, Herr?", fragte ich in der Stille und haderte mit Gott. Da fiel mein Blick auf das große Kruzifix in unserem Haus, und ich hörte die Antwort in mir: „Ich bin hier. Ich bin bei diesen armen Gefangenen und leide mit ihnen."

Heute können wir sagen: In der Tat, weil sich der Herr selbst unserer Nichtigkeit bediente, ist es uns gelungen, in dieser Hölle so vielen Menschen mit einfachen Mitteln zu helfen. Bis zu 60 Personen konnten wir auf diese Weise im Gefängnis von Ihosy beistehen.

MBELO UND FALY –
ZWEI GEFÄHRLICHE GEFANGENE

Nie werden wir Mbelo und Faly vergessen. Wie üblich kamen wir am Montag ins Gefängnis, da sagte uns gleich der Wächter, es gebe ein paar Verletzte in Einzelhaft. Ob man sie zu uns bringen könne? Aber sie seien gefährlich. Wir ahnten nichts Gutes und erwiderten, man soll sie sofort bringen. Inzwischen erzählte uns der Aufseher, dass am Dienstag, also sechs Tage zuvor, elf Gefangene versucht hatten auszubrechen. Zwei konnten sie erwischen und zur Strafe in Einzelhaft geben. Diese Zellen bestanden aus Erdlöchern ohne Fenster und ohne irgendeinen Einrichtungsgegenstand. Die Notdurft musste irgendwo in einem Winkel verrichtet werden. Zur Strafe wurde ihr Gesicht in den Kot hineingerieben. Einmal pro Tag schoben die Wächter etwas Wasser und Maniok durch die Tür in die Zellen. Nun brachte man Mbelo und Faly in Hand- und Fußschellen zu uns herein. Sie waren voll Blut und Staub, total dehydriert und geschwächt. Wir verlangten, man solle ihnen die Fuß- und Handschellen entfernen. Sie lagen auf dem Boden. Die zerrissenen Hosen waren voll Stuhl und Harn. In aller Eile begann Enzo damit, sie aus den verklebten Fetzen zu lösen, die Wunden vorsichtig zu waschen und zu verbinden. Währenddessen machte ich den ausgetrockneten, mit Blut verklebten Mund von Faly und Mbelo sauber und flößte ihnen ein wenig Honigwasser ein. Sie hatten Durst. Einige Zähne waren ihnen ausgeschlagen worden. Wie gut, dass wir immer auch einige Kleidungsstücke mit dabei hatten. So konnte ihnen Enzo nach der Hygiene ein sauberes Hemd und eine neue Hose anziehen. Wir zerkleinerten Medikamente, damit sie sie besser schlucken konnten und verabreichten ihnen Antibiotika, Paracetamol und Vitamintabletten.

Es hatte keinen Sinn, ihnen Medikamente für die Weiterbehandlung dort zu lassen, denn diese wurden ihnen sofort von den Aufsehern oder anderen Mithäftlingen weggenommen. Aber nach einiger Zeit, als wir wieder ins Gefängnis kamen, waren Mbelo und Faly schon etwas kräftiger. Sie waren gerade dabei, ein paar Bananen zu verzehren. Wir hatten jedoch immer noch Angst um ihr Leben, weil sie im Gefängnis so schlecht behandelt wurden. So gingen wir zum Oberaufseher und baten ihn, sie aus der Einzelhaft zu entlassen, was er uns auch zusagte. Als wir nach drei Tagen wieder kamen, um die Verbände zu wechseln, hatten wir große Freude zu sehen, dass es den beiden jungen Männern schon etwas besser ging. Es war für uns wirklich eine Begegnung mit Christus am Kreuz, der in diesen Gefangenen gelitten hat. Armer Jesus!

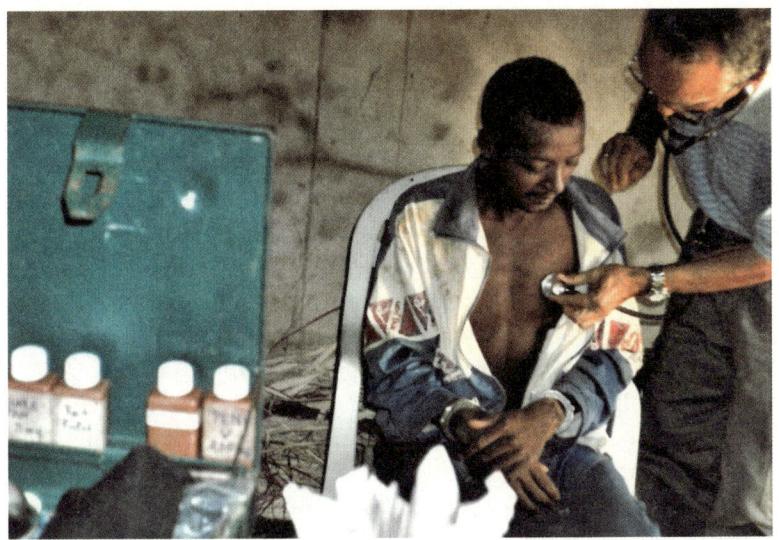

In Ihosy besuchen Enzo und Elisabeth regelmäßig das Gefängnis. Was sie dort erleben, ist schockierend: Die Gefangenen liegen blutverschmiert auf dem dreckigen Boden. Die Zelle hat keine Fenster und ähnelt einem dunklen Erdloch. Sofort beginnen die Carusos, die von Folter gezeichneten Gefangenen zu verarzten. Auch Faly geht es nach einiger Zeit wieder etwas besser.

DAMA, EIN UNSCHULDIG GEFANGENER

Viele dieser Gefangenen waren unschuldig eingesperrt worden. Sie wurden verleumdet und zum Opfer der korrupten Funktionäre, um von deren Verbrechen abzulenken. Ein Beispiel dafür war Dama, ein Mann so um die 25 Jahre alt. Er konnte kaum auf den Füßen stehen, als er sich durch die Tür schob in den kleinen Raum, wo wir die Kranken behandeln durften. Er war abgemagert bis auf die Knochen, seine Kleider waren nur noch einzelne Fetzen und Fäden, immer wieder hustete er und spuckte Blut in die Hand, die er an seiner Hose abwischte. Gerade hatte sich der Aufseher entfernt, da fragte ich ihn, was er getan hat, um hier zu landen. Er sagte: „Ich habe kein Unrecht getan, ich war auf dem Weg nach Ranotsara, als zwei Tage vorher in der Gegend Rinder gestohlen wurden. Man hat die Diebe nicht erwischt, da hat die Gendarmerie einfach mich mitgenommen. Aber ich habe mit der Sache nichts zu tun. „Wie lange bist du schon da?", fragte ich ihn. „Drei Jahre" gab er zur Antwort. „Hast du schon ein Gerichtsverfahren gehabt?" „Nein. Ich habe kein Geld". „Und deine Familie?" „Ich komme aus Beadabo in der Nähe von Ivohibe. Ich weiß nicht, ob sie überhaupt wissen, dass ich hier bin. Ich kann nicht schreiben." Immer wieder hustete er und spuckte Blut. Ich versuchte ihm Mut zu machen, und in meiner Hilflosigkeit sagte ich zu ihm: „Vielleicht gibt es ja eine Lösung. Bitte verzweifle nicht!" Da schaute er mich mit seinen glasigen Augen verwundert an und sagte bestimmt: „Ich bin nicht verzweifelt. Ich weiß, dass ich bald sterben werde, aber ich habe keine Angst, denn *Zanahary sy ny Razana* – Gott und die Ahnen wissen, dass ich nichts Böses getan habe. Ich gehe zu ihnen!" Nach ein paar Wochen ging er heim zu seinen Ahnen und zu Gott. Dieser junge Bara und sein starker Ahnenglauben hat uns sehr beeindruckt. Der „universelle Christus", der in allen leidenden Menschen gegenwärtig ist, sprach aus ihm zu uns.

Zugleich war es für uns erschütternd zu sehen, wie viele Menschen unschuldig in diesen Gefängnissen dahinvegetieren mussten. Es war aber auch eine Freude, dass wir in diesen Ort unendlichen Leidens den Gefangenen ein wenig Trost und Hoffnung bringen konnten. Auch heute noch hören wir diese Gefangenen zu uns sagen: „Wäret ihr nicht gekommen, so wären wir schon längst tot. Jetzt haben wir wieder Hoffnung, Gott hat euch geschickt. Gott wird uns noch helfen!" Ja, diese Arbeit im Gefängnis von Ihosy war sehr hart und eine große Herausforderung für uns. Meistens konnten wir danach keinen Schlaf finden, so stark hatten uns die Begegnungen mit diesen armen Männern innerlich aufgewühlt. Dieses unsinnige Leid, ohne Möglichkeit es wirklich ändern zu können, nagte auch manchmal an unserem Glauben an einen barmherzigen, liebenden Gott. „Vater, warum hast du mich verlassen?" – Diese dramatischen Worte Jesu am Kreuz hallten in unseren Herzen noch lange Zeit nach. Aber waren es nicht gerade Dama, Mbelo, Faly und alle anderen, mit denen der leidende Christus sich identifizierte, um sein Erlösungswerk durch alle Zeiten hindurch und überall, auch im Gefängnis von Ihosy, zu vollenden? Was für eine unverdiente Gnade war es für uns, auch hier in dieser Hölle dem gekreuzigten Erlöser so konkret und unmittelbar begegnen zu dürfen!

KRANKHEIT UND HEIMATURLAUB

Aber auch uns wurde der Kelch der Krankheit gereicht. Besonders für Enzo war es sehr bitter. Die Probleme mit dem Magen und Darm nahmen immer mehr zu. Er konnte zeitweise kaum etwas essen, ohne Verdauungsprobleme zu bekommen. Dazu kamen noch die Schmerzen im Bauch und im rechten Bein. Besonders in der Nacht schwächten sie ihn sehr. Er war bei einer Tour auf dem Horombe in eine mit Gras überwachsene Grube gefallen und hatte sich das Kniegelenk verrenkt. Es konnte nur provisorisch wieder eingerenkt werden. Seither litt er bei jedem Schritt und Tritt. Nach einem freundschaftlichen Gespräch mit dem Bischof, der uns sehr gut gesinnt war, entschlossen wir uns, für eine ordentliche Behandlung zurück nach Wien zu fliegen und gleich auch noch ein wenig Urlaub anzuhängen.

In der Zeit unserer Abwesenheit sorgte Bruder Tina für die zwei Schulen in Mangona und Ambatolahikely. Bei ihm hinterließen wir auch das Geld für die Finanzierung der Schulen für weitere zwei Jahre. Die Brunnen in den Ortschaften waren soweit fertig. Die Oberin der Barmherzigen Schwestern versprach, jemanden an unserer Stelle regelmäßig ins Gefägnis zu schicken, und an den Sonntagen sollte ein Arbeiter den Gefangenen ein Essen bringen. Von unseren Dörfern verabschiedeten wir uns mit der Feier eines Gottesdienstes, und wir versprachen den Leuten, bald wiederzukommen. Ein *Lonaky* auf dem Horombe wollte Enzo unbedingt ein Rind schenken, aber leider konnten wir es nicht mitnehmen. So wartete es auf unsere Rückkehr in ein paar Monaten. Als wir uns bei Bischof Philippe verabschiedeten, gab er uns seinen Segen mit den Worten: „Werdet bald wieder gesund und stark! Der Horombe, das Gefängnis und die ganze Diözese warten auf euch!" Gestärkt von den Segenswünschen des Bischofs nahmen wir im Mai 2004 das Flugzeug zurück nach Wien.

ENZO MUSS ZWEIMAL OPERIERT WERDEN

In Wien angekommen, stellte sich Enzo dem Chirurgen im Evangelischen Krankenhaus vor. Ein baldiger Operationstermin wurde festgelegt. Es sollte kein großer Eingriff sein, aber dann kam es anders. Nach einer vierstündigen Operation sagte mir der Arzt, er wundere sich, wie Enzo überhaupt noch habe überleben können. Es handle sich um eine totale Verwachsung der Organe im Bauch. So etwas sei ihm noch nie untergekommen. Als er den Bauchraum öffnete, wusste er nicht, was er da vor sich hatte, so verwachsen waren die Organe. Mit Laserstrahlen gelang es ihm schließlich, sie voneinander zu lösen und in die richtige Position zu bringen. Er konnte aber nicht garantieren, ob es ein hundertprozentiger Erfolg sein und wie lange dieser anhalten würde.

Als ich allein war, weinte ich bitterlich. Enzo lag noch auf der Intensivstation. Erst am späten Abend durfte ich zu ihm. Er war gerade dabei aufzuwachen. Sein Mund war ganz trocken, und er bat um Wasser. Die Schwester hatte es mir aber nicht erlaubt, ihm Wasser zu geben. Immer wieder verlangte er nach Wasser, aber ich durfte nichts tun. Da fielen mir Mbelo und Faly ein. Den beiden durfte ich im Gefängnis von Ihosy Wasser geben, aber meinem Enzo hier in Wien nicht! Gut, dass er dann wenigstens einschlafen konnte und für mich die Besuchszeit zu Ende war. Es war schon Nacht. Auch in mir war es Nacht geworden. Ich hatte Angst um Enzo und betete immer wieder zu Jesus, dem „Meister des Unmöglichen", wie ihn Charles de Foucauld nannte. Ich stellte ihn unter den Schutz Mariens, Heil der Kranken. Langsam erholte sich Enzo von der schweren Bauchoperation.

Die Behandlung vom Knie war jedoch noch komplizierter. Zweimal bedurfte es eines chirurgischen Eingriffes, bis das Gelenk wieder in Ordnung war. Durch Gottes unendliche Barmherzigkeit konnten wir auch diese schwierige Zeit hinter uns bringen und Kraft für unseren nächsten Auftrag in Madagaskar sammeln.

DIE GROSSE MISERE IN ILENA

Am 2. Februar 2005 kamen wir endlich wieder zurück auf unsere geliebte rote Insel. Es war das Fest Maria Lichtmess, und wir fuhren gleich zu den Kamillianern nach Fianarantsoa, um mit ihnen über unsere künftige Arbeit auf dem Horombe zu sprechen. Auch Pater Stefan war nach einer intensiven medizinischen Behandlung in Polen nun wieder zurück. Er war nun der Obere der Gemeinschaft. Da sagte er uns, er sei in großer Sorge wegen des Lepradorfes Ilena. Pater Engelbert war mittlerweile endgültig zurückgegangen nach Österreich und nun hätten sie niemanden, der sich dort um die Leprakranken kümmern würde. Schließlich trug sein Orden die Verantwortung für den Ort. Er bat uns inständig, diese Aufgabe zu übernehmen. Die Zustände dort seien allerdings in jeder Hinsicht schlimm.

Wir waren aber eigentlich auf dem Weg nach Ihosy, wo Bischof Philippe bereits auf uns wartete. Also überlegten wir ein wenig und dachten uns, bevor wir Pater Stefan einfach absagen, könnten wir uns doch zuvor Ilena wenigstens kurz anschauen. Wir erfuhren von ihm, dass es sich um das älteste Lepradorf der Provinz Fianarantsoa handle. Ein kleines Lepradorf in den Bergen mit ungefähr 500 Einwohnern, nur etwa sieben Kilometer südöstlich von Fianarantsoa.

Nach dem Mittagessen fuhren wir also nach Ilena. Was uns dort erwartete, war wirklich eine große Misere, so wie es Pater Stefan beschrieben hatte. Viele verwahrloste Kinder liefen um die halb verfallenen Hütten herum. Dreck und übel riechende Exkremente waren überall zu sehen. Die Unterkünfte der Kranken waren schwarze, vermoderte Löcher, wo es durch die kaputten Dächer hineinregnete. Die offenen Wunden der Leprakranken waren hier schon monatelang nicht mehr verbunden worden. Die sogenannte „Ambulanz" war voll von Gerümpel, das vom Krankenhaus in Fianarantsoa hier entsorgt worden war. Von Medikamenten keine Spur, und als Verbandsmaterial lag nur eine Nierenschale mit einer Pinzette und zwei schmutzigen, blutigen Tupfern herum. Wir besuchten ein paar Familien in ihren stinkenden Löchern. Im oberen Dorf hatte lange nicht jede Familie einen Kochtopf. Er musste beim Nachbarn ausgeliehen werden. Und dieser Topf hatte auch schon ein Loch, das mit einem Stein, der genau in das Loch passte, abgedichtet wurde. Enzo und ich schauten uns an, und dann sagte Enzo: „Was denkst du? Haben wir nicht Wien nur deshalb wieder verlassen, um den Ärmsten zu dienen? Ich glaube, der Herr wartet hier auf uns!"

Verwahrloste Kinder begrüßen Enzo im Lepradorf von Ilena. Das Elend, das die beiden Laienmissionare hier erwartet, ist unbeschreiblich groß. Enzo und Elisabeth besuchen einige Familien in ihren stinkenden, heruntergekommenen Hütten und stellen dort fest: „Der Herr wartet hier auf uns!"

Wieder zurück in Fianarantsoa, beteten wir am Abend lange in der Kapelle der Kamillianer um eine innere Klarheit. Dann sagten wir zu Pater Stefan, wir hätten uns nun also entschlossen, Ilena zu übernehmen. Er war sichtlich erleichtert. Er gab uns sogar noch einen Brief für Bischof Philippe mit, in dem er den Bischof bat, uns für eine neue Mission in Ilena freizustellen. Am nächsten Tag fuhren wir zeitlich in der Früh weiter nach Ihosy.

ABSCHIED VON BISCHOF PHILIPPE

Bischof Philippe empfing uns sehr herzlich in seinem Büro. Er war sichtlich erfreut, uns nach mehreren Monaten nun wieder zu sehen. Als wir ihm den Brief von Pater Stephan reichten und ihm erzählten, was in Fianarantsoa geschehen war und warum wir schließlich nach Ilena fuhren, bemerkten wir seine Enttäuschung. Denn er hatte bereits Anderes für uns geplant. Er überlegte kurz, und dann sagte er: „Eure Berufung war schon immer dort, wo die Ärmsten sind. Gott ist dort! Ich habe nicht das Recht, euch zurückzuhalten!" Es fiel im sicherlich schwer, uns ziehen zu lassen, aber da er – wie auch wir – ein großer Verehrer des heiligen Charles de Foucauld war, gab er uns noch einen Gedanken dieses modernen französischen Heiligen mit: „Als kleiner Bruder und kleine Schwester Jesu geht mit Ihm auf den letzten Platz!" So holten wir in Ampandratokana das Notwendigste von unseren Sachen ab, verabschiedeten uns bei den Schwestern und den Lazaristen und verließen die Diözese Ihosy, in der wir uns so sehr beheimatet gefühlt hatten, um in der angrenzenden Diözese Fianarantsoa wieder neu zu beginnen.

VON RATTEN UND ANDEREN PLAGEN
IN ILENA

Gleich am nächsten Tag, bepackt mit ein paar Medikamenten und Verbandszeug, besuchten wir Ilena, um uns ein genaueres Bild von der Lage zu machen. Das Dorf bestand aus einem oberen Teil mit 14 Häusern und dem unteren Teil mit 16 Häusern und insgesamt rund 300 Einwohnern. Zuerst begegneten wir vielen Kindern im Freien. Sie waren fröhlich, aber sehr verwahrlost und voll von Parasiten. Im oberen Dorf lebten abgeschieden vom Rest der Welt 20 verstümmelte Leprakranke, die meisten von ihnen waren alt. Im unteren Dorf waren vor allem gesunde Menschen, deren Eltern oder Großeltern bereits leprakrank waren. So sind sie dort geboren und aufgewachsen und hatten kein anderes Zuhause als dieses trostlose Lepradorf. Sie waren in der Gegend als faule Schmarotzer und Alkoholiker verschrien. Diese schlechten Eigenschaften blieben auch uns nicht verborgen. Aber es gab auch gute, arbeitsame Leute unter ihnen, die auf den Reisfeldern rund um Ilena arbeiteten. Sogar manche der Leprakranken versuchten, mit den verstümmelten Händen und Füßen Erdnüsse, Bohnen und Maniok anzubauen.

Auch hatte Pater Engelbert auf dem Hügel hinter der Kirche einen Obstgarten angelegt mit Orangen- und Bananenpflanzen, Kaki und anderen Früchten. Für einige Männer aus dem unteren Dorf gab es dort Arbeit, und sie wurden gut bezahlt. Der Ertrag – so war es ausgemacht – hätte in Fianarantsoa verkauft und das Geld dem Dorf zugutekommen sollen. Stattdessen wurde es meistens schnell in Alkohol umgewandelt, und am Abend lieferten sich die Betrunkenen oft lärmende Schlägereien im Dorf. Einige Frauen berichteten uns von diesen Zuständen und wie sie und die Kinder davor Angst hatten. Pater Stefan hatte uns angeboten, im Haus der Kamillianer in Fianarantsoa zu wohnen und jeden Tag hin und her zu fahren. Aber wir zogen es vor, in Ilena zu bleiben. Wir wollten näher bei den Menschen sein, um mehr von ihnen zu erfahren und um einschreiten zu können, wenn Frauen und Kinder bedroht und geschlagen wurden. Neben der

Ambulanz stand ein leeres, renovierungsbedürftiges Haus mit zwei Räumen. Wir baten darum, es wohnlich herrichten zu dürfen, was uns auch erlaubt wurde. Und so wohnten wir im Dorf gleich neben den Leprakranken. Aus der Ambulanz, die aus einem großen Raum und zwei kleinen Nebenräumen bestand, wurde das Gerümpel mit willigen Helfern entfernt und hinter der Ambulanz verstaut.

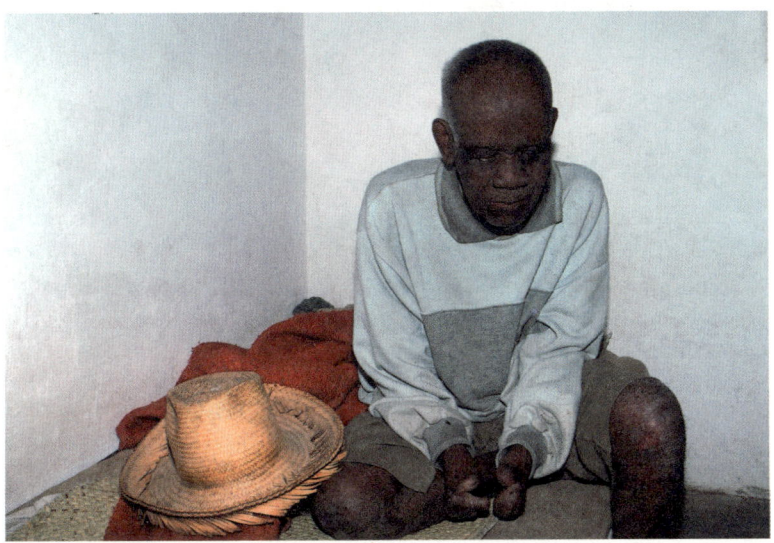

Die Lepra hat Ramalaza die Finger weggefressen. Die Krankheit hat ihn auch das Augenlicht gekostet. Trotzdem blickt er hoffnungsvoll in die Zukunft.

So konnte Enzo schon mal anfangen, die bis auf die Knochen ausgebreiteten, nekrotischen Wunden der Leprakranken zu säubern und zu verbinden. Manche kamen mit frischen Wunden daher. Sie wurden in der Nacht von den Ratten angefressen. Durch die Gefühllosigkeit spürten sie es nicht einmal. Ja, Ratten waren in Ilena eine Plage. Im Abfall, der in großen Mengen in und um die Häuser herumlag, konnten sie sich gut vermehren. Wegen der vielen Ratten und der katastrophalen Hygiene kommt es in verschiedenen Regionen Madagaskars fast jedes Jahr auch zu großen Pestausbrüchen.

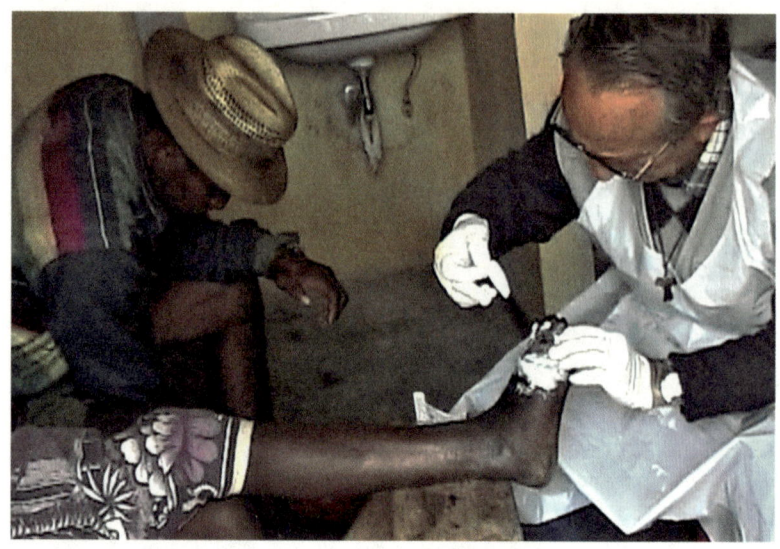

Enzo beginnt auch in Ilena sofort wieder, die Wunden der Leprakranken zu versorgen. Bei manchen Patienten wurden die tauben Füße in der Nacht von Ratten angefressen.

GEMEINSAMES SAUBERMACHEN

Eine der dringenden Notwendigkeiten war es, das Dorf aufzuräumen und vom Dreck zu säubern. Enzo besuchte Hütte für Hütte. Es gab in Ilena keine Dorfgemeinschaft wie in Isifotra oder auf dem Horombe. Er versuchte die Leute anzueifern, den Dreck wegzuschaffen und zu verbrennen. Aber es tat sich nichts. Es brauchte eine andere Methode, um die Leute zu motivieren und mit ihnen gemeinsam etwas zu schaffen. Die Kamillianer brachten für die 20 Leprakranken und ihre Familien einmal in der Woche 50 Kilogramm Sack Reis zur Versorgung vorbei, sonst nichts. Der Reis war durch die lange Lagerung in Fianarantsoa von schlechtester Qualität und oft schon vermodert und voller Würmer. Dank unserer treuen Spender aus Bramberg, Altsimmering und Altmannsdorf kauften wir gleich Öl, Seifen, Salz und Zucker für den Anfang dazu. Und jeden Samstagnachmittag wurden neben dem Reis auch diese heiß ersehnten Produkte ausgeteilt.

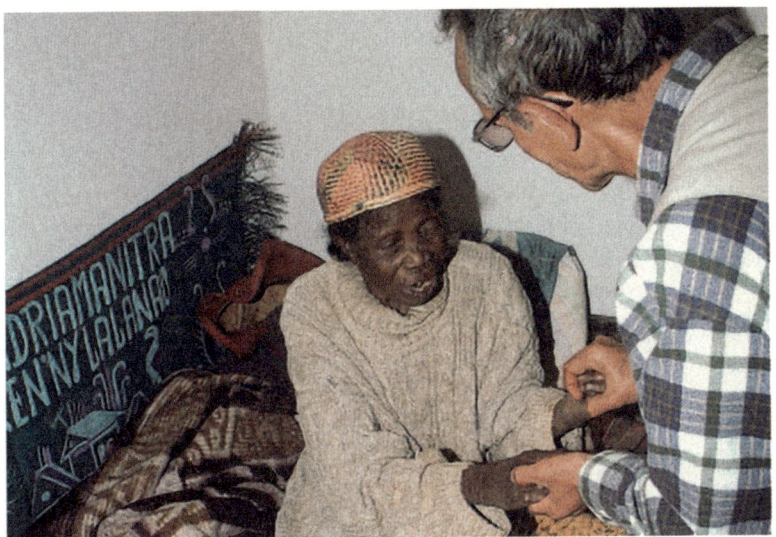

Enzo ergreift die verstümmelten Hände einer von Lepra gezeichneten alten Frau. Sie ist dankbar für die Hygieneartikel und Grundnahrungsmittel, die Enzo und Elisabeth ihr geschenkt haben.

Als nun wieder der Samstag kam, baten wir die Leute, sich vor der Ambulanz zu versammeln, und Enzo sagte mit freundlicher Stimme: „Wir freuen uns, es mit freien Leuten zu tun zu haben, die tun was sie tun wollen und nicht tun, was sie nicht tun wollen. Genauso sind auch wir freie Menschen. Wir sind aus freiem Willen gekommen, um euch zu helfen, aber nur unter der Bedingung, dass auch ihr euren Beitrag dazu leistet. Nun euer Beitrag ist, dass der krankmachende Schmutz weggeschafft wird. Wenn ihr damit einverstanden seid und den Schmutz wegschafft und verbrennt, gibt es heute Nachmittag mit der Austeilung zum Reis auch wieder Öl, Seifen, Salz und Zucker dazu. Wenn ihr es nicht tun wollt, dann gibt es eben nichts. Ganz, wie ihr wollt." Schon nach zwei Stunden sahen wir den Rauch aufsteigen von jenem Feuer, das gerade den Müll vernichtete. Mit großer Freude konnten wir dann am Nachmittag die Hygiene- und Nahrungsmittel im Dorf verteilen.

DAS GROSSE PROBLEM DES ALKOHOLISMUS

Da gab es aber nicht nur den Schmutz und den Mist zu entfernen. Viel schwieriger noch war der Kampf gegen den Alkoholismus. 80 Prozent der Männer von Ilena waren Alkoholiker. Sie ließen sich total gehen und verloren dabei ihr Selbstwertgefühl. Die Leute von Ilena waren überall verachtet. Es war weithin bekannt, dass man mit Verachtung sagte: „Du gehörst nach Ilena!", wenn man jemanden beschimpfen wollte.

Die Männer, solange sie noch ein wenig humpeln konnten, gingen nach Fianarantsoa, um zu betteln. Auf halbem Weg gab es eine Art Kneipe. Dort wurde das Erbettelte sofort wieder in Alkohol umgewandelt. Manchmal sahen wir die besoffenen Kerle neben der Straße liegen, wenn wir auf dem Weg von Fianarantsoa zurück nach Ilena kamen. Natürlich nahmen wir sie dann im Auto mit.

DIE FRAUEN,
DIE GRÖSSTEN LEIDTRAGENDEN

Aber da waren auch Frauen und Kinder – wovon lebten sie? Die meisten Frauen gingen in den nahen Wald, um dort Reisig zu sammeln. Sie verbrannten das Holz, um daraus Kohle zu gewinnen und trugen diese in großen Säcken auf dem Kopf nach Fianarantsoa zum Verkauf. Natürlich marschierten sie die sieben Kilometer zu Fuß, meist das kleinste Kind auf dem Rücken. In der Stadt bekamen sie dann dafür einen Euro. Meist gingen die Frauen zu zweit oder zu dritt, denn nicht selten wurden sie überfallen und die Räuber nahmen ihnen die Kohle weg. Die Frauen hatten noch Glück, wenn sie mit heiler Haut davonkamen. Und niemand war da, um sie zu verteidigen. Ja, die am meisten Betroffenen der Misere von Ilena waren wirklich die Frauen und Kinder.

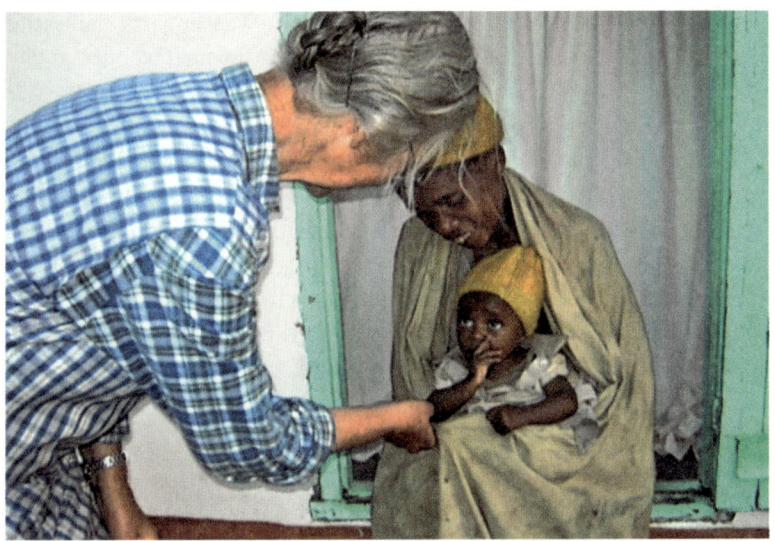

Stolz zeigt Vaohita Elisabeth ihre Tochter Marie Louise, die sie auf dem dreckigen Boden ihrer Hütte zur Welt gebracht hat, während es durch das kaputte Dach ihres Hauses regnete.

Dies wurde uns besonders bei der Entbindung von Vaohita bewusst. Es war in der Nacht, es regnete stark und war kalt. Plötzlich wurden wir gerufen mit der Bitte, einer Frau bei der Geburt ihres ersten Kindes zu helfen. Ihr Mann Samuel gehörte auch zu den besoffenen Bettlern. Nun, wie schon vorher erwähnt, waren die Häuser der Leprakranken in einem Zustand, dass man in Österreich bestraft werden würde, wenn man sie als Schweinestall benützt hätte. In so einem dreckigen Loch fanden wir auch Vaohita vor. Sie lag auf einer schmutzigen, zerrissenen

Strohmatte mit einer zerfetzten, von Dreck strotzenden Decke zugedeckt. Im Winkel saß ihr Mann Samuel und versuchte das Feuer anzuzünden, um Wasser warm zu machen. Aber es regnete so stark durch das Dach, dass das Feuer immer wieder ausging. Vaohita und auch wir waren bald ganz durchnässt. Ein paar Ratten flitzten von einer Ecke zur anderen. Enzo ging zurück ins Haus, um Wasser zu wärmen und kam mit einer Strohmatte, ein paar Decken, einem Leintuch, einer Thermoskanne heißer Milch und einem Kübel mit warmem Wasser samt Seife und Handtüchern zurück. Dazu brachte er auch unsere Tischdecke aus Plastik mit, um Vaohita ein wenig vor dem Regen zu schützen. Wir sprachen noch schnell ein Gebet zur Heiligen Familie von Betlehem. Und schon bald danach kam ein kleines, gesundes Mädchen zur Welt. Ja, wir hatten wirklich fest zu Maria und Josef gebetet. Sie wussten ja, wie kein anderer, um die Zustände in einem schmutzigen Stall, als dort das göttliche Kind zur Welt kam. Jesus kam in die Welt, um alle Mühen des menschlichen Lebens mit uns zu teilen. Auch die von Vaohita, Samuel und auch unsere Schwierigkeiten in diesem Lepradorf Ilena! Im Stall von Bethlehem waren allerdings Ochs und Esel – hier gab es nur Ratten.

SANIERUNG DER HÄUSER
UND DER AMBULANZ

Eine der dringendsten Aufgaben, die wir uns vorgenommen hatten, war die Häuser der Leprakranken im oberen Dorf zu renovieren, bevor die große Regenzeit anfing. Wir sprachen mit Pater Stefan und Pater Zbyczek darüber. Sie hatten uns am Anfang gesagt, dass Geld für sie kein Problem sei. Wir dachten, dass es am einfachsten wäre, alles wegzureißen und einfache, saubere Häuser hinzubauen. Doch dann informierten sie uns, dass das Dorf Ilena im Besitz des Staates sei und daher von den vorhandenen Baulichkeiten nichts verändert werden dürfe. In den letzten dreißig Jahren wurde das Dorf vom Staat immer mehr

vernachlässigt. Den Kamillianern wurde lediglich die seelsorgerische Betreuung aufgetragen. Nach längerem Überlegen sagten die beiden Patres uns schließlich zu, und so konnten wir mit der Renovierung der Häuser beginnen. Mittlerweile waren jedoch ihre finanziellen Ressourcen erschöpft. Da wir aber persönliches Geld wie auch einige Spendengelder bei uns hatten – wir hatten das Geld bei Pater Zbyczek deponiert –, waren wir entschlossen, mit der Renovierung der Häuser nicht länger zu warten. Wir fanden dafür ein Bauunternehmen, das bereits in Isifotra die Schule gebaut hatte. Die Kamillianer gaben uns grünes Licht. Nach dem Kostenvoranschlag reichte das Geld gerade für zwei Häuser, also nur für vier Familien. Also berichteten wir Pater Gregotsch in Wien, der für Leprakranke immer ein offenes Herz hatte, gleich in einem Brief von unserem Plan. Postwendend versprach er, uns 12.000 Euro zu überweisen. Ganz besonders hervorheben möchten wir an dieser Stelle auch die großzügigen Spenden aus unserer Heimat: Die Pfarre Altmannsdorf spendete 6.000 Euro, die Pfarre Altsimmering 5.470 Euro, die Pfarren Bramberg und Neukirchen beteiligten sich mit 6.800 Euro, und der Beitrag des Rektorats St. Johannes in Wien betrug 930 Euro. Mit der Summe von 31.200 Euro aus der Heimat konnten insgesamt zehn kleine Zwei-Familien-Häuser für die 20 behinderten Leprakranken und ihre Familien menschenwürdig saniert werden. Jede Familie bekam auch noch einen Tisch und eine Bank, zwei oder drei Decken, ein Holzbett mit Strohsack, einen Kochtopf, einen Kübel fürs Wasser und ein Werkzeug für die ihren besonderen Bedürfnissen angepasste Arbeit. Die Arbeit ging durch die Firma Harisoa zügig voran. Sie gaben auch einigen Männern und Frauen aus dem unteren Dorf Arbeit und ermöglichten ihnen, auf diese Weise etwas zu verdienen.
Da war aber auch noch die Ambulanz in Ordnung zu bringen. Erst als das ganze Gerümpel herausgeschafft war, sah man, in welchem Zustand das Gebäude war. Die Mauern waren vermodert und bröckelten ab. Das Dach war kaputt, und an vielen Stellen regnete es hinein. Auch die Wasserleitung war leck. So übernahm die Firma Harisoa schließlich auch die Renovierung der Ambulanz. Nach ein paar Wochen war alles wieder soweit hergestellt, und die Ambulanz glänzte vor Sauberkeit.

Schon bald beginnen Enzo und Elisabeth, das Dorf vom angesammelten Schmutz zu reinigen und die alten Häuser zu sanieren. Dank vieler Spenden aus Österreich und der finanziellen Unterstützung der Kamillianer geht die Renovierung zügig voran.

Bald kann jede Familie in Ilena wieder ihr neu renoviertes und sauberes Haus beziehen.

Das Lepradorf Ilena erstrahlt wieder im neuen Glanz. Auch die jungen Frauen sind stolz auf die gemeinsam geleistete Arbeit.

DIE WÜRDE DER LEPRAKRANKEN

Jetzt war es für Enzo leichter, tagtäglich die verwahrlosten Wunden der Leprakranken zu versorgen, die Verbände zu wechseln und nebenbei mit diesen Menschen ins Gespräch zu kommen. Ja, endlich gab es jemanden, der mit diesen Männern normal redete und sie nicht beschimpfte und verachtete. Enzo redete mit ihnen über ihre Verantwortung der eigenen Familie gegenüber, er zeigte ihnen auf, was sie für ihre Kinder tun könnten und sprach nicht zuletzt über das Gebet und ihre Beziehung zu Gott. Es war schön mitanzusehen, wie die Menschen von Ilena allmählich wieder ihre Würde erlangten und immer mehr Männer mit ihren Frauen und Kindern zum täglichen Abendgebet kamen.

Beim Besuch einer Familie in ihrem renovierten Haus kann Elisabeth die Freude in ihren Gesichtern ablesen. Stolz empfangen die Eltern der jungen Mutter Enzo und Elisabeth in ihrem sauberen und aufgeräumten Haus.

Enzo erklärte ihnen auch, wie schädlich der Alkohol für ihr Nervensystem ist, denn gerade bei Leprakranken kommt es durch den Genuss von Alkohol zu einer schnelleren Erblindung und auch die Gefühllosigkeit im Körper nimmt dadurch zu.

An jedem Samstag verteilen Elisabeth und Enzo wichtige Grundnahrungsmittel und einige Hygieneartikel an die Familien von Ilena. Somit müssen die Männer nicht mehr in der Stadt betteln gehen.

Da die Kranken und ihre Familien nun jeden Samstag von uns einige Grundnahrungsmittel und getrockneten Fisch oder Fleisch, wie auch Seifen, Sandalen und andere praktische Produkte bekamen, hatten sie keinen Grund mehr, um nach Fianarantsoa betteln zu gehen. Diese Eskapaden zu Fuß in die Stadt waren ja nur ein Vorwand, um irgendwie an Alkohol zu gelangen. Wir untersagten ihnen diese Ausflüge, und so konnte der Alkoholkonsum im Dorf um vieles reduziert werden. Es wurde ihnen aber freigestellt, sich daran zu halten oder auch nicht. Falls nicht, dann wurden die Lebensmittel am Samstag gestrichen. Wir begründeten diese Maßnahme damit, dass sie ja durch das erbettelte

Geld die nötigen Dinge selber kaufen könnten. Überdies stellten wir ihnen die Frage, wozu denn die Wundversorgung und die Verbände gut sein sollten, wenn sie sich auf dem sieben Kilometer langen Weg wieder ablösen und dadurch all unsere Bemühungen zunichte gemacht würden.

Hin und zurück nach Fianarantsoa waren es vierzehn Kilometer. Nach mehreren geduldigen Erklärungsversuchen verstanden die Leute allmählich, warum es für sie keinen Sinn machte, in die Stadt zu gehen, und einer nach dem anderen entschied sich, im Dorf zu bleiben. Es wurde sogar eine kleine Dorfgemeinschaft gegründet, und die Männer wählten einen tüchtigen Familienvater namens Ralaiharo zu ihrem Chef. Er war kein Alkoholiker.

ARBEIT IM HÜHNERSTALL
UND AUF DEM ACKER

Jeder bekam einen Acker, auf dem er mit seiner Familie Gemüse, Erdnüsse, Bohnen und andere Produkte anbauen konnte. Außerdem schlugen wir jeder Familie vor, einen kleinen Hühnerstall zu bauen. War der Stall einmal fertig, nahmen wir jeweils zwei Männer und ihre Frauen mit nach Fianarantsoa, damit sie sich auf dem Markt zwei Hühner und einen Hahn aussuchen konnten. So konnte ein jeder mit einer kleinen Hühnerzucht beginnen. Die Männer hatten durch die Arbeit auf dem Feld genug Beschäftigung. In der kurzen Zeit, die wir in Ilena verbringen durften, konnten wir mit großer Freude beobachten, wie sich ein verschriener, gemiedener Ort mit der Zeit zu einem menschenwürdigen Dorf gewandelt hat. Im Sommer 2005 hatten wir schließlich die Freude, einen Besuch aus Österreich in Ilena empfangen zu dürfen: Wolfgang Engelmaier von Missio Österreich kam mit Schwester Elisabeth Schwarzl von den Barmherzigen Schwestern zu uns nach Ilena. Sie waren auf Projektreise und besuchten gleich mehrere Projektpartner in Madagaskar. Wir zeigten ihnen unser Dorf und erklärten ihnen, was wir hier bereits positiv verändern konnten. Wenn es auch nur ein kurzer Besuch war, so war es für uns doch eine große Freude, unsere Unterstützer aus Österreich sehen zu können.

VON WÜRMERN UND ANDEREN PARASITEN

In der Ambulanz versorgten wir nicht nur die Leprakranken, sondern wir behandelten auch alle anderen Krankheiten der Dorfbewohner. Es gab viele Lungeninfekte, Darmkrankheiten und auch der Befall durch Parasiten war ein großes Problem. Besonders die Kinder waren voll von Würmern.

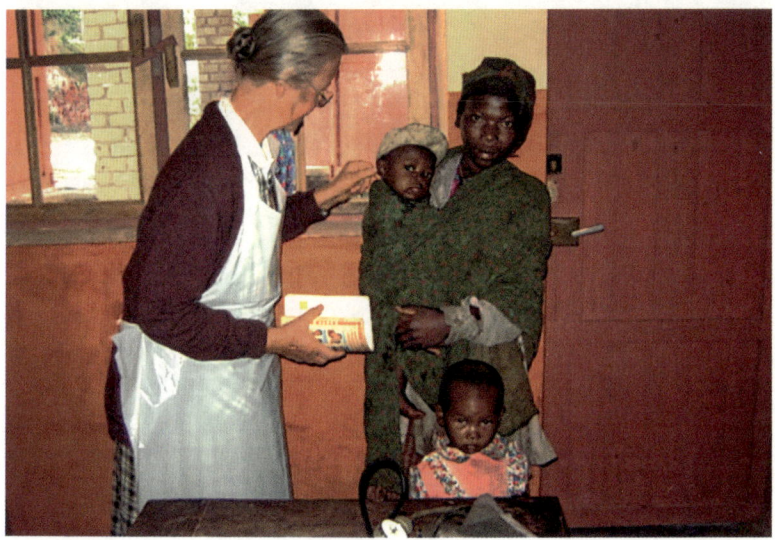

In Ilena gibt es viele unterernährte Kinder, die von ihren besorgten Müttern in die Ambulanz gebracht werden. Viele leiden auch an Durchfall, Lungeninfekten und Würmern.

Da das Wasser von Ilena aus einem verseuchten Sumpf kam, waren Bilharziose, Amöbiase und darüber hinaus auch Typhus sehr stark verbreitet. Unser Bestreben war es deshalb, Ilena mit gutem Wasser zu versorgen und auch hier einen Brunnen zu graben.

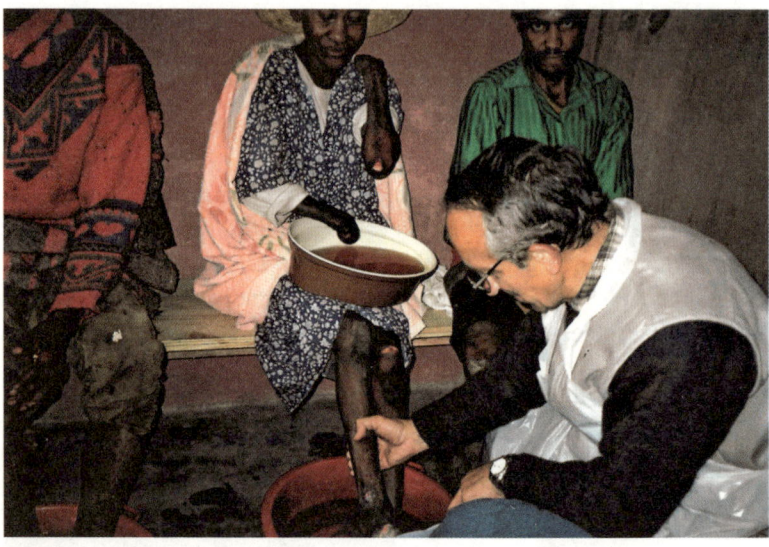

Auch in Ilena gehört das Desinfizieren und Verbinden von vielen Wunden zum Alltag von Enzo.

Enzo begab sich also mit seiner Wünschelrute wieder auf die Suche nach einer guten Wasserader. Schließlich fand er eine nicht weit vom Dorf entfernt, und so riefen wir einen Brunnenbauer aus Fianarantsoa, der die Grabung des Brunnens übernahm. An einem schönen Sonntagnachmittag versammelten wir uns mit den Menschen von Ilena auf dem Platz, wo der Brunnen gegraben werden sollte. Alle waren sich bewusst, dass eine solche Grabung auch mit gewissen Gefahren verbunden ist. Also wollten wir vorher beten. Es kamen viele Männer, Frauen und Kinder, auch vom unteren Dorf, und sie versammelten sich rund um die Baustelle. Wir beteten mit ihnen einen Rosenkranz, und dazwischen wurden immer wieder Lieder gesungen. Dann segnete Enzo den Ort mit Weihwasser und bat Gott um gesundes Wasser, das für das ganze Dorf ausreicht. Zum Schluss sangen wir noch mit großer Inbrunst das Lied vom „Lebendigen Wasser". Es war eine sehr schöne Andacht, bei der alle frei ihre Bitten an Gott richteten. Zum ersten Mal spürten wir, wie sich die Leute bewusst wurden, dass sie zusammengehörten.

AUFERSTEHUNG EINES LEPRADORFES

Es gab auch jeden Sonntag eine Heilige Messe in der Kirche, die Pater Engelbert mit viel Liebe renoviert hatte. Es kamen um die sechzig Leute zum Gottesdienst. In Ilena waren zwar viele katholisch, aber trotz aller Bemühungen kam keine wirklich lebendige Glaubensgemeinschaft zustande. Wenn der Pater am Sonntag mit dem Auto kam, nahm er oft Kinder und junge Frauen aus Fianarantsoa mit, die den Gottesdienst mit Lesungen und Liedern gestalteten. Die Leute von Ilena waren nur die passiven Zuhörer. Sie waren ja bekannt als die „schmutzigen Unwissenden" und fanden nur schwer aus ihrer passiven Rolle heraus.

Von Anfang an luden wir die Leute zum Abendgebet ein und wirklich, mit der Zeit kamen immer mehr zum Gebet. Anschließend hielt Enzo auch immer gerne eine kurze Katechese, und wir sangen mit ihnen madagassische Lieder. Das hatten die Leute gern. Nach ein paar Wochen berieten wir gemeinsam, ob es nicht möglich wäre, dass sie selbst die Liturgie gestalten. Sie waren begeistert von der Idee.

Wir berichteten das alles Pater Zbyszek. Man spürte, dass er ein wenig Zweifel hegte, ob so etwas gelingen könne. Doch die jungen Männer und Frauen machten ihre Sache gut, und sie bereiteten die Liturgie an den Samstag-Abenden immer sehr liebevoll vor. Von diesem Zeitpunkt an waren auch mehr Begeisterung und ein Gefühl der Zugehörigkeit bei der Heiligen Messe und überhaupt beim Gebet in der Kirche zu spüren.

Bei der Renovierung der kleinen Kirche von Ilena haben die Leprakranken mitgeholfen. Nun fühlen sie sich wieder „zu Hause" im sanierten Gotteshaus und gestalten die Liturgie gerne auch selbst mit.

Wie schon in Isifotra so war auch hier die Karwoche und besonders das Osterfest 2005 geprägt vom Einlernen der Lieder, der Vorbereitung der Lesungen der Kar- und Osterliturgie und von den Katechesen, die Enzo am Abend hielt. So erkannten die Leprakranken und ihre Angehörigen allmählich, dass Jesus auch in Ilena das Kreuz und das Leid mit den Menschen trägt. Und sie erfuhren, dass es auch in Ilena Auferstehung gibt.

TYPHUS UND DAS GESCHENK DES
SAUBEREN WASSERS

Auch in Ilena ist das Wasser verseucht, weshalb es oft zu Ausbrüchen von Typhus und anderen Krankheiten kommt. Durch die Grabung eines Brunnens kann das Dorf mit sauberem Wasser versorgt werden.

Inzwischen wurde auch der Brunnen mit gutem, sauberem Trinkwasser fertiggestellt. Von dem Brunnen wurde das Wasser in den oberen und unteren Teil des Dorfes weitergeleitet. So konnten die Frauen fortan an zwei Wasserstellen genug Wasser holen. Wir konnten auch sanitäre Anlagen für beide Teile des Dorfes bauen. Das kam gerade zur rechten Zeit, denn zu diesem Zeitpunkt grassierte eine Typhus-Epidemie in Ilena, die auch vor Enzo und mir nicht Halt machte. Dem nicht genug – bei mir kam sogar eine Komplikation in Form einer Myokarditis, einer Herzmuskelentzündung, hinzu, die von einem Kardiologen in der Stadt diagnostiziert und behandelt wurde. Gott sei Dank haben wir und die Bewohner von Ilena auch diese Krankheit überlebt. Dank des sauberen Wassers konnte eine weitere Typhus-Epidemie später dann verhindert werden. Dass Ilena zu diesem lebenswichtigen Geschenk des gesunden Wassers gekommen ist, haben wir der Pfarre Altsimmering zu verdanken, die das Projekt durch die Bemühungen von Peter Welkhammer finanzierte.

EIN RECHT AUF SCHULBILDUNG

Natürlich ist die wichtigste Frage für die Zukunft eines Dorfes: Was geschieht mit den Kindern? In Ilena gab es um die achtzig Kinder im Schulalter. Das Schulwesen war am Nullpunkt angelangt. Die drei Lehrer hielten nur selten den Unterreicht ab. Im besten Fall schrieb man ein paar Worte auf die Tafel, ließ sie von den Kindern wiederholen und dann verschwanden sie wieder. Es gab keinen Lehrplan, kein Material und keine Prüfungen. Die sogenannten „Klassenräume" waren zum Teil ohne Dach, ohne Fenster und Türen. Die Kinder verbrachten ihren Tag auf dem Dorfplatz, sie halfen auf dem Feld oder mussten für das Brennholz sorgen. Schmutzig und fragend schauten sie uns an. Ja, auch die Kinder von Ilena hatten das Recht auf eine Schulbildung.

Als wir mit Pater Zbyczek über dieses Problem sprachen, meinte er, mit DIDEC, der Zentrale des Schulwesens der Diözese, bräuchten wir erst gar nicht zu sprechen. Da würde man niemanden nach Ilena schicken. Aber wir sollten zu Bruder Claude Fritz gehen, der bereits viele Vorschulen in den umliegenden Dörfern gegründet hatte. Vielleicht wäre das auch für Ilena die Lösung? Das Ganze sagte er mit einer etwas herablassenden Art Ilena gegenüber und Enzo antwortete: „Pater Zbyczek, wir brauchen für unsere Kinder keine Vorschule, sondern eine richtige Schule! Sie verdienen es. So wie alle madagassischen Kinder!" Pater Zbyzcek hatte nur ein mitleidiges Lächeln für uns und gab uns die Nummer von Bruder Claude.

BRUDER CLAUDE FRITZ HILFT
BEIM BAU DER SCHULE

Sobald wir wieder eine freie Minute hatten, besuchten wir Bruder Claude, einen sehr sympathischen Elsässer, in seinem Büro in Fianrantsoa. Als Missionar der Gemeinschaft der „Brüder der christlichen Lehre" wirkte Bruder Claude schon seit vierzig Jahren in Madagaskar und ist auch bis heute noch dort im Einsatz. Er empfing uns sehr herzlich und hörte sich unser Problem geduldig an. Und siehe da – er sagte unserer Einladung prompt zu: „Ich komme am Sonntagnachmittag zu euch nach Ilena!" Von da an spürten wir, dass Jesus die Sache wieder in die Hand genommen hatte und alles lenkte. Deshalb waren wir voll Zuversicht und vertrauten auf eine gute Zusammenarbeit mit dem energischen Missionar aus dem Elsass. Und wir haben uns in ihm nicht getäuscht.

Bruder Claude hielt sein Wort: Er kam und schaute sich Ilena an. Gott sei Dank war der Ort zu diesem Zeitpunkt schon repräsentabel und sauber. Er war sofort verliebt in das Dorf und sagte: „Ich sorge dafür. Ihr bekommt eine richtige Schule mit vier Klassen!" Natürlich lag es an uns, zunächst einmal die vorhandenen zwei Klassenräume zu renovieren und zwei weitere dazu zu bauen. Unsere Freude war so groß, dass Enzo gleich anfing, die Kinder an die Hand zu nehmen und mit ihnen zu tanzen. Die Finanzierung war kein großes Problem. Zwei Wochen zuvor hatten uns Italiener besucht, die nun bereit waren, zu helfen und uns mit einer beträchtlichen Summe zu unterstützen. Die kleine Baufirma Harisoa übernahm wieder die Arbeit. Ab dem 2. Oktober 2005 konnten 84 Kinder einen geregelten Unterricht besuchen. Es öffnete sich für sie ein Tor zu einem besseren Leben.

Stolz begibt sich ein Mädchen mit ihrem blauen Schulranzen auf den Weg zur Schule. Dank der Hilfe von Bruder Claude Fritz und vieler Spenden aus Österreich kann auch in Ilena eine Schule errichtet werden.

Bruder Claude suchte vier junge Lehrerinnen für Ilena aus. Schwester Elisabeth Jung von der Gemeinschaft der Göttlichen Vorsehung überprüfte den Lehrplan und kam deshalb öfters zu uns auf Besuch. Auch sie stammte ursprünglich aus dem Elsass und war schon viele Jahre als Missionarin in Madagaskar tätig. Sie war die rechte Hand von Bruder Claude und half ihm tatkräftig bei der Umsetzung seines Entwicklungsprojekts „Rettet die madagassischen Kinder!" (VOZAMA). Durch VOZAMA gelang es Bruder Claude, in abgelegenen Bergdörfern, wo es keine Schulen gab und der Schulweg bis in die nächstgelegene Schule für die Kinder zu weit war, Vorschulen zu errichten. Mittlerweile konnte er – auch dank der langjährigen Unterstützung von Missio Österreich – in rund 700 Dörfern Vorschulen für insgesamt rund 11.000 Kinder errichten. Es war eine ungemein wichtige Sache für die benachteiligte Landbevölkerung in der Provinz von Fianarantsoa.

Und nun vertraute Bruder Claude Schwester Elisabeth die Ausbildung des Lehrpersonals und die Ausarbeitung eines Lehrplans für die neue Schule in Ilena an. So war diese kleine Schule im Lepradorf von Anfang an in den besten Händen.

Bruder Claude Fritz, ein gebürtiger Elsässer, kommt Elisabeth und Enzo zur Hilfe und baut für Ilena eine Schule. Der erfahrene Missionar wird zum treuen Freund des Ehepaars Caruso.

IN ILENA WÄCHST DAS SELBSTWERTGEFÜHL

Bald besuchten nicht nur die Kinder von Ilena die Schule, sondern Eltern aus den benachbarten Dörfern brachten auch ihre Kinder nach Ilena. Auf einmal wurde aus dem von allen gemiedenen Ort ein wichtiges Dorf. Auch unsere Arbeit in der Ambulanz genoss weithin einen sehr guten Ruf. So mussten wir bald noch viele Kranke aus den umliegenden Dörfern zusätzlich behandeln. Wir waren froh, dass auch Bruder Claude uns immer wieder in Ilena besuchte. Er hatte sehr viel Erfahrung gesammelt mit der Führung von Schulen. Er regte auch an, eine Elternvertretung für die Schule zu wählen, darunter waren auch zwei unserer Behinderten, die durch die Folgen von Lepra stark beeinträchtigt waren. Die Eltern waren stolz, ihre Kinder mit einem blauen Schulterrucksack in die Schule gehen zu sehen und beim Fahnengruß die Nationalhymne zu hören, die ihre Kinder mit Begeisterung sangen. Sie fühlten wieder eine Würde, und ihr Selbstwertgefühl wurde dadurch gestärkt.

Durch die Errichtung einer Schule wächst das Selbstwertgefühl der Familien. Die Eltern organisieren sich in einer Elternvereinigung und können sich so aktiv in den Schulalltag ihrer Kinder einbringen. Auch ein von Lepra gezeichnetes Ehepaar engagiert sich stolz in der Elternvertretung.

„ICH WILL NICHT HEIRATEN"

Auch die Frauen bildeten bald einen Verein und kümmerten sich um die Sauberkeit der Kirche, der Schule, und sie kehrten mit den Kindern jede Woche den Dorfplatz. Es fiel ihnen noch so manch anderes ein, was sie gemeinsam leichter schafften. Wir kauften auch mehrere kleine Katzen, um mit ihnen die Ratten zu bekämpfen. Die Behinderten kümmerten sich besonders gerne um die Katzen. Sie waren es ja auch, die am meisten von der Rattenplage betroffen waren. Seither waren diese unhygienischen Nager viel seltener zu sehen.

In ihrer Freizeit lernen die Mädchen von Elisabeth nähen und stricken. Sie lachen viel und träumen dabei von einer besseren Zukunft.

Die größeren Mädchen verbrachten ihre Freizeit gern gemeinsam mit dem Nähen und Stricken von Westen und Hauben für ihre kleineren Geschwister. Das Material dazu konnten wir günstig auf dem Markt von Fianarantsoa kaufen. Während dieser gemeinsamen Arbeit sangen die Mädchen mit Begeisterung. Wir sprachen über verschiedene Themen und übten auch die Lesung für die heilige Messe am Sonntag ein.

So war einmal auch davon die Rede, wie sich die Mädchen auf ihre Zukunft vorbereiten können. Da sagte ein Mädchen: „Ich will nicht heiraten!" Eine andere stimmte ihr zu: „Ich will auch nicht." Auf meine Frage, was sie denn sonst tun wollten, meinten sie: „Wir wollen Schwestern werden." Ich war erstaunt über ihre Antwort und fragte sie, ob sie denn gerne zu Gott beten würden. „Ja, auch. Aber wenn wir Schwestern werden, sind wir immer schön angezogen, brauchen nicht auf dem Feld zu arbeiten, haben genug zu essen, können die Kinder kommandieren und brauchen keine Kinder zur Welt zu bringen."

Ich versuchte ihnen zu erklären, dass der Sinn des Ordenslebens ein anderer ist. Dass man als Schwester bereit sein müsse, viele Opfer zu bringen und auf vieles zu verzichten. Ich weiß nicht, wie weit meine Erklärungen in ihr Herz gedrungen sind. Die Angst vor einer schlechten Ehe, wo nur Armut, Erniedrigung, Schläge und harte Arbeit auf sie warteten, saß zu tief in ihnen drinnen. Denn das war es ja, was sie in Ilena immer wieder miterleben mussten. Wir beteten gemeinsam, dass Maria, die Mutter Jesu, sie führen und vor allem Bösen beschützen möge.

ILENA IST SEIN WERK, NICHT UNSERES

So alle ein bis zwei Wochen kamen Bruder Claude und vor allem auch Schwester Elisabeth vorbei, um nach dem Rechten in der Schule zu sehen. Die Lehrerinnen waren noch jung und unerfahren, zeigten aber guten Willen. Eines Tages kam sogar die Provinzialin der Gemeinschaft von der Göttlichen Vorsehung mit Schwester Elisabeth Jung und Bruder Claude. Sie war sehr interessiert an unserer Schule und erklärte schließlich, sie hätten zwar viele junge Schwestern und Postulantinnen in ihrer Gemeinschaft, es sei jedoch schwierig, für alle den richtigen missionarischen Einsatzort zu finden. Da Ilena in der Nähe von Fianarantsoa ist, wo sich das große Noviziat der Schwestern befindet, wäre der Orden bereit, die Arbeit in Ilena zu übernehmen, falls wir an eine Nachfolge denken würden.

Um es ehrlich zu sagen, einerseits war für uns diese Antwort der Provinzialin wie ein Stich ins Herz: Jetzt, wo wir unter solch schwierigen Bedingungen aus diesem von allen gemiedenen, schmutzigen Loch ein menschenwürdiges, sauberes Dorf mit einer gut funktionierenden Ambulanz, einer Schule, gesundem Wasser und nicht zuletzt mit freundlichen, selbstbewussten Menschen gemacht hatten, fiel es den Schwestern auf einmal ein, Ilena zu übernehmen. Andererseits aber dachten wir uns: „Nun sind wir beide um die siebzig Jahre alt, unsere Gesundheit ist angeschlagen, wer weiß, wie lange wir das noch schaffen können. Bevor Ilena mit den Leprakranken in die Obhut der Kamillianer zurückkehrt, die bisher mit dem Ort total überfordert waren, ist es vielleicht sogar eine Fügung der Barmherzigkeit Gottes, wenn die Schwestern den Ort übernehmen. Schließlich ist es ja SEIN Werk, nicht unseres.“

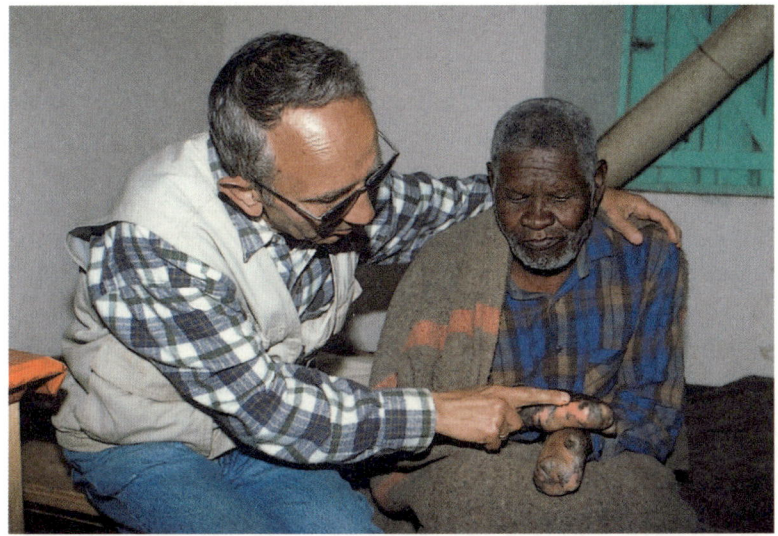

Enzo kennt keine Berührungsängste. All die Jahre in Madagaskar und in Benin ist es das Anliegen der beiden Laienmissionare, Jesus in den Ärmsten der Armen zu dienen und ihnen die Liebe Gottes zu bezeugen.

Es war aber nicht an uns Ja oder Nein zu sagen. Ilena war ja den Kamillianern anvertraut worden und gehörte dem Staat. Wir haben in Ilena gearbeitet, weil uns die Kamillianer darum gebeten hatten. So verwiesen wir die Schwestern an Pater Stefan und Pater Zbyszek und erklärten ihnen, dass wir persönlich nur eines wollen, nämlich das Beste für die Menschen in Ilena: „Deshalb versuchen wir, hier von der Liebe Gottes Zeugnis zu geben. Wenn wir es angenommen haben, in Ilena zu arbeiten dann einzig und allein, um Jesus in den Ärmsten der Armen zu dienen. Dass wir dem Herrn hier so oft begegnen durften, erfüllt uns mit unendlicher Dankbarkeit, auch wenn es uns sehr schmerzt, Ilena und seine Bewohner zu verlassen."

ABSCHIEDSESSEN UND
EINE LETZTE AUFMUNTERUNG

Nach etlichen Gesprächen mit den Kamillianern war es uns klar, dass die Schwestern der Gemeinschaft von der Göttlichen Vorsehung Ilena übernehmen würden. Vorher aber luden wir alle Bewohner zu einem gemeinsamen Abschiedsessen ein. Wir kauften Reis, Fleisch, Bohnen, Bananen und Limonaden. Und wie üblich bereiteten die Frauen das Essen im Freien zu. Jede Frau hatte ihre Aufgabe. Als alle Dorfbewohner auf Strohmatten Platz genommen hatten, sprach die blinde Martha das Tischgebet. Obwohl es allen gut schmeckte, war die Stimmung eher getrübt. Nach dem Essen ergriffen die Männer und Frauen, einer nach dem anderen, das Wort und bedankten sich mit bewegenden Worten bei uns. Alles, was sie an Wertvollem in ihrem persönlichen Besitz fanden, wollten sie uns noch schenken. Besonders gefreut hat uns der geflochtene Korb von Soa, einer Frau, die aufgrund von Lepra fast keine Finger mehr hatte. Und Simon füllte den Korb mit selbst angebauten Erdnüssen. Enzo beendete die Feier mit Dankesworten und viel Lob für das Bemühen der Männer und Frauen, die gemeinsam mit uns Ilena zu einem schönen Dorf mit gesunden und glücklichen Menschen gemacht haben. Nun würden auch ihre Kinder eine bessere Zukunft haben. Vor allem aber dankte er Gott, der das Leben schenkt und uns jeden Tag beschützt. Ihm vertraute er den weiteren Lebensweg der Dorfbewohner an.

Zum Abschied versammeln sich die Dorfbewohner mit Enzo und Elisabeth zu einem letzten gemeinsamen Abendessen. Enzo sitzt auf einer Strohmatte neben der blinden Martha, die das Tischgebet spricht.

Enzo ermahnte sie auch, das Gebet nicht zu vernachlässigen und als gute Christen ihr Leben weiterhin nach den Geboten Gottes auszurichten. Auch ermutigte er sie, weiterhin fleißig zu arbeiten, jeder nach seiner Möglichkeit, und den Alkohol zu meiden. Besonders bat er sie auch, die Schwestern zu achten und ihnen zu folgen. Dann segnete Enzo alle mit Weihwasser. Dazu mischten sich auch seine und meine Tränen.

Am Sonntag während der heiligen Messe bedankte sich Pater Stefan bei uns im Namen aller Kamillianer für unseren Einsatz in Ilena. Nach der Messe aßen wir noch gemeinsam mit den Schwestern und Bruder Claude. Beim Mittagessen räumte Schwester Damien König, die Oberin der Gemeinschaft von der Göttlichen Vorsehung, ein, dass es Ilena in seiner jetzigen Form ohne uns nicht geben würde und letztendlich auch ihre Mitschwestern nicht hierhergekommen wären: „In jenem Zustand, in dem ihr Ilena übernommen habt, hätten unsere Oberen nie eingewilligt, die Schwestern hierherzuschicken", erklärte sie voll Anerkennung. Wir waren durch ihre Worte berührt, aber auch erleichtert, dass es nun durch die Präsenz der Schwestern mit den Menschen in Ilena gut weitergehen würde.

Bruder Claude versprachen wir hingegen, das Werk VOZAMA weiterhin von Österreich aus zu unterstützen und es in unserer Heimat bekannt zu machen. Und ja: VOZAMA wurde in Österreich bekannt! Seit unserer Rückkehr nach Wien kam uns Bruder Claude schon öfters besuchen, und er berichtete in verschiedenen Pfarren ausführlich über die Arbeit von VOZAMA. Bei einem seiner Besuche sprach Bruder Claude über die großen Gegensätze, die in Madagaskar bis heute herrschen: Auf dieser Insel stößt man auf eine „paradiesische Natur und an den Straßenrändern auf unvorstellbares Elend". Er erinnerte daran, dass wir die Menschen von Madagaskar nicht vergessen dürfen, vor allem auch, weil es in diesem paradiesisch schönen Land leider neben Lepra und anderen Krankheiten auch weiterhin zu regelmäßigen Pestausbrüchen kommt.

Als Enzo und mich das „Heimweh" wieder allzu sehr plagte, brachen wir im Herbst 2017, nach einer längeren Pause, noch einmal nach Madagaskar auf, um Bruder Claude und unsere Freunde von

Ihosy und Fianarantsoa zu besuchen. Kurz nachdem wir dort angekommen waren, brach in der Hauptstadt wieder einmal die Pest aus. In Madagaskar kommt es ja regelmäßig zu Pestausbrüchen, die sich dann auf der Insel in viele Gegenden hinein endemisch verbreitet. In jenem Jahr kam es allerdings noch schlimmer, weil es neben der bekannten Beulenpest auch Fälle der viel selteneren und hochansteckenden Lungenpest gab. Während sich die Beulenpest durch den Biss von Ratten oder Mücken ausbreitet, wird die Lungenpest von Mensch zu Mensch übertragen. Kranke stecken sich gegenseitig an und können binnen 24 Stunden daran sterben, wenn sie nicht sofort mit Antibiotika behandelt werden. „Ja! Der ‚schwarze Tod' ist wieder zurück in Madagaskar", schrieb Bruder Claude in jenen Tagen an Missio Österreich und bat die treuen Spender von Missio um Unterstützung, nachdem die Pest auch in seiner Bergregion gewütet hatte.

Ja, die treuen Spender aus Österreich ließen die Menschen in Madagaskar auch diesmal nicht im Stich. So wird VOZAMA und das Projekt „Rettet die madagassischen Kinder!" von Missio Österreich, der Pfarre Altsimmering, der Pfarre Altmannsdorf sowie auch von Hannes Kirchner aus Bramberg und seinem Freundeskreis weiterhin großzügig unterstützt.

WIR WAREN NUR KLEINE WERKZEUGE

Es kam der Tag, an dem wir schließlich Abschied nehmen mussten von all den Menschen, die uns ans Herz gewachsen waren. Mitte Jänner 2006 verließen wir Fianarantsoa endgültig in Richtung Österreich. Wohl blutete unser Herz, aber zugleich war ein tiefer Friede in uns, denn wir waren uns gewiss: Jesus, der Auferstandene, ist jetzt noch immer bei uns, so wie er auch bei den Emmaus-Jüngern und auch all die vielen Jahre bei uns in Benin und in Madagaskar war. Am Brotbrechen hatten sie ihn erkannt. Das Brot hat der Herr auch durch die vielen großzügigen Spenden aus der Heimat für die Menschen in Afrika gebrochen und an sie ausgeteilt. Und die Menschen in Davougon, Iakora, Isifotra, Horombe, Ilena und besonders in den Gefängnissen von Abomey und Ihosy haben seine Liebe dadurch erfahren können. Wir waren nur kleine Werkzeuge dazu. Ihm allein gebührt unser Lob und Dank!

15 Jahre im Dienst der Aussätzigen: Enzo und Elisabeth Caruso sind dankbar und überglücklich, dass sie Jesus in so vielen Leprakranken und Leidenden in Benin und Madagaskar begegnen durften.

DANKSAGUNG

Zum Schluss dieses Buches ist es uns ein Bedürfnis ein herzliches „Vergelt's Gott „ zu sagen all jenen, die uns in den Jahren des missionarischen Wirkens durch ihre finanzielle Unterstützung, Gebet, Vertrauen und Freundschaft begleitet haben.

Ohne Euch wäre nichts möglich gewesen. Wenn in Benin und Madagaskar etwas Gutes geschehen ist und die Frohbotschaft Christi verkündet wurde, so war es unser gemeinsames Wirken. Jeder auf seine Art und Weise war daran beteiligt.

So danken wir besonders Pater Dr. Karl Wallner, der uns ermutigt hat, unsere Erinnerungen an die Zeit in Benin und Madagaskar niederzuschreiben. Er hat auch das Manuskript überarbeiten lassen und es in der „Edition Missio" im Be&Be-Verlag veröffentlicht.

Vor allem aber geht unser Dank an Pater Leonhard Gregotsch, den Direktor des kamillianischen Missionswerkes, der uns immer sein Vertrauen schenkte. Er war es auch, der uns als Laien-Missionare der kamillianischen Familie angenommen und nach Afrika geschickt hat. Vom Anfang an hat er unsere Arbeit finanziell großzügig unterstützt und uns sogar dreimal in Afrika besucht. Pater Gregotsch zeigte sich auch immer besonders großzügig, wenn es um das Wohl der Ärmsten, der Leprakranken ging. Gott möge ihm alles 1000-fach vergelten!

Ganz besonders denken wir mit viel Dankbarkeit an unsere Pfarre Altmannsdorf. Wie viel finanzielle Hilfe, Freundschaft, Gebet und Ermutigung kam aus dieser damaligen Pfarrfamilie! Gott allein weiß, wie viele Pakete geschnürt, Baby-Milchpulver gekauft und versandt wurden. Immer wieder kamen große Summen aus dieser Pfarre und von selbstlosen Freunden, zum Beispiel für den Bau der neuen Ambulanz in Davougon im Benin, dann auch für den Zubau der Schule in Isifotra auf Madagaskar. Außerdem spendete uns die Pfarre auch eine wertvolle Solaranlage, die wir in unserem Wohnhaus in Isifotra montieren konnten. So hatten wir nicht nur genug Strom für unser Haus, sondern konnten auch die Ambulanz und die Kirche mit Strom versorgen. Durch all diese großzügigen Spenden wurde den Menschen in diesen beiden benachteiligten Ländern Afrikas auf sinnvolle Weise und vor allem auch nachhaltig geholfen. In ihrem Namen wollen wir allen von ganzem Herzen unseren Dank aussprechen.

Mit großer Dankbarkeit denken wir auch an unsere Verwandten und Freunde unserer Heimatpfarre Bramberg, die uns oft und großzügig in unserer missionarischen Tätigkeit unterstützten. Fleißige Frauen haben unzählige Binden gestrickt. Diese waren besonders wertvoll, weil sie stark waren und wir damit die Füße der Leprakranken gut verbinden konnten. Andere Frauen haben alte Bettwäsche zerschnitten und daraus Verbandsmaterial fabriziert, sorgfältig verpackt und per Post zu uns nach Madagaskar versendet. Das war ein sehr wertvoller Beitrag, der uns ermöglicht hat, die Wunden der vielen Leprakranken sorgsam zu verbinden. Auch durch Geldspenden aus dieser Pfarre konnte vielen Armen geholfen werden.

Im Namen all dieser Menschen, denen die Hilfe aus Österreich zugutekam, sagen wir: *„Misaotra betsaka"*, herzlichen Dank!

In den letzten Jahren unserer Missionstätigkeit – in Wien hatten wir unsere Wohnung nach Simmering verlegt – erhielten wir vor allem von der Pfarre Altsimmering eine großzügige Unterstützung für unser Wirken in Madagaskar. Besonders wichtig war ihr finanzieller Beitrag für die Schulen und die drei Dorfbrunnen auf dem Horombe und später noch ihre Unterstützung bei der Sanierung des Lepradorfes Ilena. In der Pfarre Altsimmering sind auch die „Schwestern von der Schmerzhaften Mutter" beheimatet. Auch sie haben unsere Missionsarbeit durch Gebet und Spenden immer wieder mitgetragen.

Darüber hinaus hat die Pfarre Altsimmering auch das Wirken von Bruder Claude Fritz und seiner Organisation VOZAMA ins Herz geschlossen, und sie unterstützt seine Arbeit weiterhin.

Eine besonders große Hilfe bekommt Bruder Claude jedes Jahr auch von den Päpstlichen Missionswerken – Missio Österreich. Seit vielen Jahren unterstützen die treuen Spender von Missio die vielen kleinen Vorschulen von VOZAMA auf dem Horombe-Plateau und ermöglichen somit tausenden armen Familien, ihre Kinder zur Schule zu schicken.

Auch die Pfarre Bramberg hat uns immer wieder geholfen. Sie hat nicht nur einen finanziellen Beitrag für die VOZAMA-Vorschulen geleistet, sondern drei Bramberger haben selbst Hand angelegt: Bei einer Reise nach Madagaskar konnten sie drei Brunnen weit draußen auf dem Land graben lassen, sodass nun mehrere Dörfer mit Trinkwasser versorgt sind. Bei ihrem Besuch in den Dörfern konnten sie auch gleich Freundschaft mit der Bevölkerung schließen.

Zum Schluss geht unser Dank besonders an das Volk in Benin und in Madagaskar. Sowohl in Benin als auch in Madagaskar wurden wir von den Einheimischen so liebevoll auf- und angenommen. Es wurde uns so viel Vertrauen, Ermutigung und geschwisterliche Liebe entgegengebracht, sodass wir dort wirklich eine zweite Heimat fanden. Wir wurden auch durch ihre kulturellen Werte und ihre große Menschlichkeit reichlich beschenkt.

Der reiche Austausch mit der Bevölkerung von Benin und Madagaskar hat uns geholfen, unseren christlichen Glauben immer mehr zu vertiefen und diesen Glauben entsprechend dem Evangelium zu leben.

Jetzt, wo wir auf diese lange Zeit zurückblicken, können wir mit großer Dankbarkeit sagen: Die insgesamt 15 Jahre, die wir als Laien-Missionare bei den Menschen von Benin und Madagaskar verbracht haben, sind ohne Zweifel die wertvollsten und gnadenreichsten Jahre unseres Lebens.

Gott, der die Liebe ist, sei Dank und Ehre für alles!

Anhang:
Die Pest ist zurück

MARIE CZERNIN

Eine Reportage von Marie Czernin, die im Mai 2018 in der „alle welt", dem Magazin von Missio Österreich, erschienen ist.

Enzo und Elisabeth Caruso wirkten von 1991 bis 2006 als Laienmissionare und Krankenpfleger auf Madagaskar. Seither lebt das Ehepaar wieder in Wien. Im Herbst 2017 kehrten sie noch einmal auf ihre geliebte Insel zurück. Schockiert mussten sie feststellen, dass sich das Leben auf dem Inselstaat mittlerweile massiv verschlechtert hat.

Die Pest ist wieder zurück auf Madagaskar. In den Städten und ländlichen Regionen sind die Hygienezustände katastrophal. Es herrscht Notstand. Darüber hinaus vertreiben ausländische Firmen die madagassischen Bauern und roden die letzten Bestände des Regenwaldes.

Enzo und Elisabeth Caruso gehen am liebsten zu Fuß durch die lärmende Stadt. Wie Einheimische bewegen sich die beiden Laienmissionare auf den Straßen von Fianarantsoa, der zweitgrößten Stadt von Madagaskar. Sie wollen den Menschen dadurch näher sein. Die Carusos – er ein Sizilianer und sie eine gebürtige Salzburgerin – kennen keine Berührungsängste. Selbst vor der Pest, die auf Madagaskar aufgrund schlechter hygienischer Verhältnisse regelmäßig ausbricht, haben die beiden Krankenpfleger keine Angst. „Wenn wir uns vor der Pest fürchten würden, dann hätten wir keine zwei Wochen auf der Insel ausgehalten", bemerkt Elisabeth trocken. Sie erwähnt ganz nebenbei, dass ihr Mann sich einmal mit Lepra angesteckt hat, als sie in der Nähe von Fianarantsoa für eine Leprastation zuständig waren: „Wir haben in all den Jahren mehr als 1.000 Leprakranke diagnostiziert und behandelt. Es gibt kaum eine Krankheit, die wir während der Zeit auf Madagaskar nicht aufgeschnappt haben."

Im Herbst 2017, 13 Jahre nach ihrer Rückkehr nach Österreich, besuchen Enzo und Elisabeth noch einmal ihre Freunde auf Madagaskar. Sie treten ihre Reise genau zu jenem Zeitpunkt an, als in der Hauptstadt Antananarivo und in anderen Orten gerade wieder die Beulenpest und die hochansteckende Lungenpest wüten. Doch hier, unter dem Inselvolk fühlt sich das Ehepaar zu Hause. Enzo und Elisabeth sprechen die Landessprache Malagasy fließend. Auf den staubigen Straßen von Fianarantsoa lassen sie sich gerne in Gespräche verwickeln. Am Weg in die Innenstadt begegnen sie Solo und seinen zwei Geschwistern. Die Mutter, in alte schwarze Fetzen gekleidet, kommt gerade von der Müllhalde zurück, als sich das Ehepaar der Familie nähert. „Mama, hast du etwas gefunden?" Verlegen zeigt die Mutter ihrem Sohn zwei schmutzige Plastikflaschen, die sie von der Müllhalde mitgebracht hat. Fröhlich läuft Solo in eine schmuddelige Bar, wo er die beiden Plastikflaschen bei einem alten Rohr, aus dem ein wenig Wasser tröpfelt, säubert. Schnell greift er noch in den Mülleimer. Er findet darin ein paar halb verfaulte Bananen und bringt sie seinen Geschwistern. Gemeinsam bieten sie ihre Schätze – die schlecht gewaschenen Plastikflaschen, die halb verfaulten Bananen und ein paar alte Sandalen – den vorbeigehenden Straßenpassanten an. „Erstklassige Waren aus zweiter Hand", ruft Solo in die Menge. Doch sein Blick verrät, dass er an diesem Morgen noch nicht sehr erfolgreich war. „Also gut, ich kaufe dir die zwei Flaschen ab", sagt Elisabeth und streichelt Solo über das krause Haar. Seiner Mutter drückt sie dafür ein paar Geldscheine in die Hand. Die Mutter strahlt vor Glück. Doch dann vertraut sie dem Ehepaar ihre traurige Geschichte an: „Die Banditen sind in unser Dorf gekommen und haben unsere Rinder gestohlen. Mein Mann wollte sich wehren, da haben sie ihn umgebracht und unser Haus angezündet. Wir haben alles verloren und sind deshalb in die Stadt gekommen. Wir suchen nach einer neuen Bleibe."

Dass in letzter Zeit viele Rinder auf Madagaskar verschwinden, erfahren Enzo und Elisabeth auch von anderen Bauern am Land. „Wir haben uns bei ihnen erkundigt, warum sie keine Rinder mehr haben. Denn früher gab es in der fruchtbaren Bergregion von Haute Matsiatra große Rinderherden, und die Bauern hatten sogar eigene Traktoren.

Heute müssen sie wieder mit alten Pflügen und zum Teil sogar mit den eigenen Händen die Äcker bestellen." Doch mittlerweile sei auf Madagaskar eine richtige Mafia entstanden, „bewaffnete Banden, die von korrupten Regierungsleuten bezahlt werden. Sie dringen in abgelegene Dörfer ein, stehlen das Vieh. Manchmal zünden sie sogar ganze Dörfer an. Wer sich wehrt, wird erschlagen", schildert Enzo die dramatische Lage vor Ort. „Die Rinder werden geschlachtet. Das Fleisch wird nach China und nach Südkorea exportiert. Dahinter steckt ein Riesengeschäft. Man sagt, dass Madagaskar bereits eine chinesische Insel geworden ist." Enzo ist schockiert über die jüngsten Entwicklungen auf Madagaskar. Die Ausbeutung der Menschen durch ausländische Firmen hat zugenommen. Teile des Staates sind völlig von der Korruption zerfressen.

Eine weitere problematische Entwicklung bereitet dem Ehepaar große Sorgen: „In den vergangenen Jahren wurde der tropische Regenwald von ausländischen Firmen immer stärker abgeholzt und die teuren Edelhölzer an China und Südkorea verkauft." Nur noch rund fünf Prozent des ursprünglichen Regenwaldbestandes seien auf der Insel übrig geblieben. Der Raubbau an der Natur macht sich in immer mehr Regionen bemerkbar. Die Böden werden unfruchtbar und verkarsten. Eine landwirtschaftliche Nutzung ist an vielen Orten nicht mehr möglich. Ein ökologisches Desaster steht bevor.

Der aus dem Elsass stammende Missionar Bruder Claude Fritz kämpft um die Erhaltung des Regenwaldes. Mit seiner Hilfsorganisation VOZAMA engagiert er sich seit vielen Jahren im Kampf gegen die Vernichtung des kostbaren Regenwaldes in den Bergregionen Haute Matsiatra und Amoron'i Mania. Jedes Jahr zum Schulanfang gehen die Kinder mit ihren Eltern auf einen Berg, um dort ein Bäumchen aus der Baumschule von VOZAMA zu pflanzen. „Es sind bereits große VOZAMA-Wälder in den Bergen entstanden", lobt Enzo den großen Einsatz von Bruder Claude. Mit seiner Frau konnte er viele Jahre hindurch das Wachsen der Bäume beobachten. „Diese Aktion ist mehr als nur ein symbolisches Zeichen der Hoffnung. Kinder sind die Zukunft des Landes, und auch jeder Baum ist ein wichtiger Beitrag für die Zukunft", ist seine Frau überzeugt. Gleichzeitig sorgt Bruder

Claude für eine bessere Hygiene in den Häusern der Kinder, damit sich die Pest nicht weiter ausbreitet: „Der ‚schwarze Tod‘ ist wieder zurück in Madagaskar. Und das gerade jetzt, wo unsere Freunde Enzo und Elisabeth auf Besuch sind ... Madagaskar ist einfach ihr Leben", erzählt der Missionar, der mit dem Ehepaar Caruso seit vielen Jahren eng verbunden ist.

In den vergangenen Jahren konnte Bruder Claude bereits vieles zum Besseren wenden. In den 700 VOZAMA-Vorschulen werden heute etwa 10.000 Kinder auf die staatliche Schule vorbereitet. Dort, in der abgeschiedenen Bergregion, lernen sie Lesen und Schreiben. Bruder Claude geht es vor allem auch darum, den Eltern der Kinder und den Kindern selbst eine bessere Hygiene beizubringen, damit ein Ausbruch der Pest in der ländlichen Region immer mehr eingedämmt werden kann. „Die Kinder lernen, sich zu waschen und ihre Zähne zu putzen, und die Eltern lernen, zu Hause für mehr Sauberkeit zu sorgen. Ein Minimum an Hygiene ist notwendig, damit sich die gesundheitliche Situation auf dem Land verbessern kann." Elisabeth weiß, wovon sie spricht. Die hygienischen Zustände auf Madagaskar sind katastrophal. Auf den Müllhalden tummeln sich Ratten, die den Pesterreger übertragen. „Es gibt auch keine Straßen in dem sumpfigen Gebiet. Der Weg bis zur nächsten Schule ist weit und beschwerlich. Deshalb hat VOZAMA die Vorschulen in die Dörfer gebracht, damit es die Eltern mit ihren Kindern nicht so weit haben."

Seit vielen Jahren unterstützen die Pfarre Alt-Simmering und Missio Österreich die missionarische Arbeit von Bruder Claude, der in den 52 Jahren seiner Tätigkeit auf Madagaskar gelernt hat, dass bereits kleine Erfolge viel Gutes bewirken können: „All die kleinen Lernschritte sind für die Entwicklung eines Kindes unerlässlich", erläutert Elisabeth. Trotz der vielen Rückschläge, die die Menschen auf Madagaskar erleben müssen, ist sie überzeugt, dass die Vorschulen von Bruder Claude eine wichtige Schlüsselrolle im Leben der Menschen spielen. „Denn sie tragen dazu bei, dass der Teufelskreis der Armut auf Madagaskar durchbrochen wird."